KB210623

증언

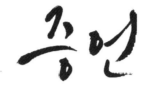

종언

김길 지음

규장

하나님께 드리는
보고서

"규장 대표입니다!"

뭐라고 이름을 말한 것 같은데 기억이 나질 않는다.

'규장 대표가 왜… 본래 대표가 직접 전화를 하는 건가?'

약속을 잡고도 이유를 알 수 없었다.

'혹시 책을? 내가?'

러시아 코스타 비자를 찾으러 가는 것 때문에 약속 시간보다 일찍 규장을 찾았다. 경부고속도로를 지나며 보았던 "왜 걱정하십니까? 기도할 수 있는데" 라는 문구가 걸린 그 규장이다.

"우리가 목사님을 위해 기도했습니다. 아침예배 때 전 직원이 목사님과 사역을 위해 기도했습니다."

눈물이 핑 돌았다. 하나님이 주시는 마음으로 순종했으나 잘하고 있는 건지 확신할 수 없었다. 하나님의 뜻이 분명해서 더 힘들었는데 눈물어린 목소리로 위로해준다.

"하나님께서 엘리야의 심정을 가진 목사님을 주목하게 하셨습니다."

'그렇구나. 하나님께서 나에게는 별말씀 안 하시고 다른 사람들에게 말씀하고 계셨구나.'

뜨거운 마음으로 글을 썼다. 중보기도에 쫓겨서 썼다는 것이 맞을 것이다. 글을 쓰지 않으면 마치 죄를 짓는 것 같은 눌림이 내내 있었다. 다 쓸 때까지 쉬지 못했다. 규장 식구들의 기도가 없었다면 잘 쓰지 못했을 것 같다.

책은 크게 세 가지 내용으로 구분할 수 있다. 첫 번째 내용은 그동안 살아온 내 삶의 기록이다. 초반부를 써서 아내에게 보여주면서 내가 물었다.

"어때?"

대답이 없다. 아직 읽고 있나 싶어 한참 있다 다시 묻는다.

"어때?"

또 대답이 없다. 한참이 지났는데 왜 대답이 없을까? 다가가보니 글을 읽고 있는 아내가 울고 있다. 당황스럽다.

"왜 울어요?"

아내가 눈물을 닦으면서 말한다.

"여보, 난 아직 우리의 지난 삶에 대해서 객관적으로 차분하게 볼 수가 없어요. 미리 알았다면 올 수 없는 길이었어요."

미안하다. 난 글을 쓴다고 생각했는데 누군가에게는 아직 아픈 삶이다. 나는 그동안 설교하면서 내 삶에 대해서 많이 이야기했기 때문에 정서가 어느 정도 정리되었다. 그러나 아내는 그렇지 못한 것이다.

두 번째 내용은 주로 하나님 앞에서 훈련받은 것들이다. 나의 죄와 연약함에 관한 고백이다. 어려서부터 생각한 것이 있다.

'혹 나 자신에 대해서 책을 쓰게 된다면 나의 죄에 대해서 어디까지 고백할까?'

정직하게 기록하고 싶었다. 정제되지 않은 표현으로 쓴 것은 지금도 죄와 싸우면서 고민하는 사람들에게 격려가 되고 싶은 마음 때문이다.

세 번째 내용은 교회 개척 사역에 대한 것이다. 글을 쓰면서 교회를 개척하며 겪었던 일들이 내 안에서 아직 정리되지 않았다는 것을 알게 되었다. 내 안의 의로움이 깨지는 아픈 내용들이라 고민하면서 시간을 많이 보냈다. 편집팀의 기도와 격려가 큰 도움이 되었다.

아내와 이야기하면서 '왜 지금 이 책을 쓰는 것일까'를 생각했다. 아내는 누군가 지금 이 책이 필요한 사람이 있을 것이라고 한다. 그리고 내가 사람들이 인정할 만한 성취를 이루기 전에 쓰는 것이 더욱 의미가 있는 것 같다고 격려해준다. 지나고 보니 모든 것이 아름답다는 게 아니라 여전히 교회 개척 현장에서 투쟁하는 지금을 기록하는 데 의미가 있다는 것이다. 성공적인 결과가 아니라 어려운 과정을 공유하는 것이 좋겠다고 한다.

옆에서 책을 쓰는 내내 함께 부담을 가지고 기도하면서 도와준 아내, 박선아에게 정말 고맙다. 사랑하는 성식이와 희락이에게도 아빠가 그냥 노는 사람이 아니라 무언가 귀한 일을 하고 있는 사람이 된 것 같아서 어깨가 으쓱하다.

규장에서 책을 낸다는 사실에 많이 감동하고 격려해준, 명동에서 도시 변화를 위해 함께 투쟁하는 동역자들과 함께 이 책을 하나님 앞에 보고서로 제출한다.

명동에서 김길

사명을 주시다

주인이 되시다

확실히 예수님은 내가 알던 예수님이 아니셨다.
십자가에서 피로 값 주고 나를 샀다는 것은
정말 깊은 생각을 하게 했다.
예수님이 나를 피로 값 주고 샀다면 난 팔린 것이었다.
그렇다면 나의 인생은 내 것이 아니라
예수님의 것이고, 난 그의 종이 되는 것이다.
생각이 여기까지 진행되자 더 절실해졌다.
'그렇다면 어떻게 살아야 할 것인가….'

1장
고통의 수렁에서

슬픈 아홉 살

우리 가족은 전남 신안군 장산면 오음리라는 작은 마을에서 살았다. 나중에 목포로 이사를 나온 것은 큰형 때문이었다. 장남이었던 큰형이 목포고등학교를 졸업하자, 집에 먹고 살 것이 없어 이사를 나오게 되었다. 큰형은 고등학교를 졸업하고 공군하사관으로 입대해서 10년을 보냈다. 그 사이 나머지 형들은 가출했고, 아버지는 집을 나가시면 몇 개월이고 들어오지 않으셨다.

내게는 아버지에 대한 기억이 거의 없다. 그나마 남아 있는 기억은 술을 드시고 마을 입구에서부터 소리를 지르시는 모습이다. 아버지가 술에 취해 오시는 날이면 어머니와 형들과 나는 이

불을 들고 남의 집 부엌에 가서 잤다. 남의 집 부엌 바닥에 이불을 깔고 그냥 자는 것이다. 그때의 빨간색 이불과 매캐한 연탄가스 냄새와 어머니를 때리시던 아버지의 모습이 지금도 또렷하다. 어머니는 막내인 내가 걸어다닐 만할 때부터 목포 동부시장에서 시금치를 다듬고, 나중에는 남자들이 하는 집 짓는 일을 하시면서 넷째 형과 나를 키우셨다.

내가 아홉 살이 되던 해에 큰형이 형수와 조카들을 데리고 목포로 내려왔다. 어머니가 일해서 간신히 구한 전세방을 빼서 월세로 큰형 가족과 같이 살게 되었다. 그즈음 아버지도 마음을 잡으셨는지 목수 일을 다시 시작하셨다.

그런데 얼마 있지 않아 아버지와 큰형이 싸우기 시작했다. 아버지가 새벽에 일을 가시면서 형수가 전기밥솥으로 해주는 밥에서 냄새가 난다고 다시 해달라고 하신 것이 싸움의 발단이었다. 아버지와 큰형이 며칠 동안 크게 싸웠다. 난 방에서 그것을 모두 지켜보았다. 아버지에게 감정이 쌓인 게 많았던 큰형은 아버지를 몰아세웠고, 어머니도 그동안의 마음고생 때문인지 아버지를 공박하셨다. 얼마 후 아버지는 자살하셨다.

그날 나는 넷째 형과 마을 입구에서 놀고 있었다. 아버지가 술에 취해서 올라오시는 것이 보였다. 우리를 본 아버지가 형과 나에게 100원짜리 지폐를 한 장씩 주셨다. 좀처럼 없는 일이었다.

돈을 받으면서도 불안했다. 아버지는 그 길로 집으로 올라가신 후 곧 병원에 실려가셨다. 농약과 술을 함께 마셨다고 했다.

아버지의 장례를 치르기 위해 서울에서 내려온 형들이 큰형과 싸우기 시작했다. 아버지의 죽음이 큰형 때문이라고 형들 간에 싸움이 나서 둘째 형과 어머니, 넷째 형과 나는 따로 방을 얻어서 살게 되었다.

그러던 어느 날이었다. 나는 학교에서 배가 몹시 아파 평소보다 일찍 집에 갔는데 형들이 어머니를 때리고 있었다. 형들은 어머니를 심하게 때리고 물건을 집어던지면서 뭐라고 욕을 하고 있었고, 어머니가 뒤로 넘어졌다. 그날 밤 둘째 형은 어머니를 죽이겠다고 소리를 질렀다.

나중에 들은 바로는 아버지가 돌아가시기 전부터 어머니가 다른 남자를 알았다는 것이었다. 그날 난 어머니 옆에 꼭 붙어 잤다. 그런데 다음 날 일어나보니 어머니는 내 곁에 계시지 않았다. 둘째 형은 나에게 큰형 집으로 가라고 하며 자신은 서울로 간다고 했다. 갈 곳이 없는 나는 큰형에게 갔다.

큰형과 함께 산 지 1년쯤 지난 어느 날, 어머니가 내가 다니던 초등학교로 찾아오셨다. 반 아이들이 학교 정문에서 누가 나를 찾는다고 했다. 나갔더니 어머니가 울고 서계셨다.

"길아, 뭐 먹고 싶은 것 없냐?"

내가 브라보콘과 사과가 먹고 싶다고 했더니 어머니가 사주셨다. 그리고 어머니는 울면서 떠나셨다. 나는 아이스크림은 먹고 사과는 교실로 가져와 책상 서랍에 넣어두었다.

찢어진 책가방

5학년이 되던 해 신안군청에 다니던 큰형이 광주도청으로 발령을 받아 나도 따라 광주로 오게 되었다. 형은 나 때문에 방 두 칸짜리 집을 얻는 것이 부담스럽다고 말했다. 나도 어쩌다가 큰형과 그리 오래 있게 되었는지 알 수 없었다.

잘못하면 형에게 가혹하게 맞는 일이 많아졌다. 알몸인 채로 혁대로 맞거나, 잠을 자다가 이유 없이 맞았다. 형의 허락 없이 텔레비전을 보다가 맞았고, 집에 늦게 들어온다고 맞았다. 같이 놀던 친구들이 어서 집으로 들어가라고 간섭할 정도였다. 또 형한테 맞는다고….

목포에 살 때, 소년원에 있던 셋째 형이 나왔다. 큰형이 같이 있자고 해서 셋째 형은 양계장을 하려는 생각을 접고 벽돌공장에서 일하면서 함께 살게 되었다. 얼마 있다 셋째 형은 큰형과 심하게 다투고 자기가 맡겨 놓은 돈을 내놓으라고 싸우다 집을 나갔다. 그 후 자신이 번 돈이 없어진 것을 알게 된 셋째 형은 바로 다음 날 약을 먹고 병원에서 치료받다가 세상을 떠났다. 큰형과 나는 목포

옥암동 어느 산에 비석도 없이 형을 묻었다. 결혼하지 않고 죽은 사람은 그렇게 하는 것이라고 했다. 큰형도 힘들어했지만 나도 힘들었다. 난 이 일을 절대 잊지 않겠다고 다짐하며 생각했다.

'대체 왜 이렇게 살아야 할까…'

중학교 때 이런 감정이 절정에 달했다. 큰형은 겨울에도 내 방에 불을 때주지 않았다. 가끔 형은 술을 마시고 내 방에서 외투를 입은 채로 쓰러져 자곤 했다. 창이 사방으로 나 있는 언덕 위에 있는 집이었다. 조그만 전기난로가 하나 있었는데 추위를 감당하지 못해 이불로 난로를 덮고 그 안에서 불을 쬐다가 이불이 열기에 눌어붙기도 했다. 형이 공무원아파트로 이사를 가면서 나는 학교까지 한 시간 이상 되는 거리를 걸어다녀야 했다.

하루는 큰형 생일이었는데 형수네 식구들이 와서 함께 식사를 했다. 나중에 형수의 친척들이 나에게 5000원을 주었다. 난 형에게 말하지 않고 그 돈을 썼다. 그것을 알게 된 형이 왜 자기에게 말하지 않았느냐고 해서 쓰고 싶어서 그랬다고 했더니 화를 냈다. 난 대들었다.

"형이 언제 나에게 돈 준 적 있어?"

"당장 나가!"

나는 홧김에 집을 나와버렸다. 그즈음 나는 진학 문제로 형과 사이가 좋지 않았다. 형은 대전에 있는 공군기술학교로 진학하라고 했고, 난 인문계 고등학교에 가고 싶었다. 형은 반에서 3등 안에 들면 인문계를 가고, 그렇지 않으면 실업계를 가라고 했다. 나는 그 말에 희망을 품고 성적을 올리기 위해 열심히 노력했다. 형은 나중에 내가 3등 안에 들었는데도 실업계로 가야 한다고 말을 바꾸었다. 난 크게 실망했다.

집을 나와 이틀 동안 거리를 헤맸지만 별수가 없었다. 둘째 형이 초등학교 3학년 때 가출했고, 셋째 형은 둘째 형이 와서 데리고 나갔고, 누나는 초등학교를 졸업하자마자 양복 만드는 사람과 산다고 떠났고, 넷째 형은 중학교 3학년 때 가출했다. 그러니 나라고 특별히 오래 큰형 밑에 있을 이유는 없었다.

형이 내 책가방을 찢고 책을 불태웠다고 했을 때 난 집으로 돌아가야겠다고 생각했다. 담임선생님을 찾아갔더니 나를 데리고 형에게 가서 잘못했다고 빌라고 하셨다. 나는 형 앞에 무릎을 꿇고 밤새 빌었다.

하나님께 한 약속

나는 큰형의 뜻대로 공군기술학교에 지원했다. 그런데 결과는 불합격이었다. 필기시험과 신체검사를 통과하고 대전까지 가서 면접을 보았는데 떨어졌다. 그래서 어쩔 수 없이 인문계 고등학교에 진학하게 되었다.

형이 종이에 무언가를 써서 내밀었다. 다 기억나지 않지만 대충 다음과 같은 내용이었다.

"대학은 보내주지 않는다. 고등학교도 납부금이 없으면 언제든지 그만둔다. 졸업하자마자 집을 나간다."

정말로 이 약속은 지켜졌다. 나는 고등학교 3학년 입시가 끝나자 바로 큰형 집에서 나와야 했다. 조카들이 커서 내 방을 써야 한다는 것이었다. 이불 한 장과 책가방만 들고 독서실로 갔다. 대학 입학시험도 떨어지고 당장 어떻게 해야 할지 막막했다.

설날이라 독서실이 문을 닫았다. 눈도 내리는데 갈 데가 없어 거리를 한참 헤매고 다녔다. 친구들에게 전화를 해보았지만 다들 가족들이 모여 있어서 안 된다고 한다. 마지막으로 오랫동안 연락을 못했던 중학교 동창인 성욱이에게 전화를 했다.

"성욱아, 오늘 너희 집에 좀 가면 안 되냐?"

"괜찮아. 어서 와."

성욱이네 집에 가서 하룻밤을 잤다. 겨우 길에서 자는 것은 면했지만 걱정이 되었다.

'내 인생은 어떻게 될 것인가….'

성욱이는 그 설날에 재워주고 떡국만 끓여준 것이 아니었다. 내가 재수하는 동안에 신발이 떨어지면 신발을 사주고, 밥을 먹지 못하면 도시락을 두 개 싸서 하나를 나에게 주곤 했다.

그즈음 어머니가 나를 찾는다는 소식을 들었다. 어머니를 만나러 갔다. 어느 아저씨와 조그만 단칸방에서 살고 계신다. 나를 보시자마자 우신다.

"너 대학시험 본다고 너희 형이 네 욕을 얼마나 했는지 모른다. 막둥아, 이제 엄마랑 같이 지내자."

하지만 그럴 수 없다. 조그만 방 한 칸에서 낯선 아저씨와 같이 사는 것은 아니다. 나중에 꼭 오겠다고 말하고 나오는데 어머니가 "너 가면 나는 죽는다" 하며 우신다. 아저씨는 떠나고 어머니랑 같이 살게 되었다. 전기가 들어오지 않고, 화장실도 없는 버려진 초가집에서. 간신히 전기를 끌어 오고 불을 지펴서 어머니와 함께 살았다. 재수를 할 환경은 아니었지만, 난 대학에 대한 꿈을 버릴 수 없었다. 갈등은 계속되었다.

'대학에 갈 수 있을까? 대학이라는 것이 내 인생에 정말 있는 것일까? 형 말대로 내가 철이 없어서 대학 간다고 날뛰는 것은 아닐까? 설사 대학에 합격한다고 해도 입학금은 어떻게 하나…'

재수를 한다고 했지만 이런 저런 생각으로 제대로 공부에 집중할 수가 없었다. 그렇게 시간을 보내다 결심했다.

'대학을 포기하고 울산으로 가서 기술을 배워야겠다.'

기술을 배워서 취직하고 노동운동을 해야겠다고 생각했다. 사실 대학에 가고자 하는 이유가 나의 출세를 위한 것은 아니었다. 초등학생 때 광주에서 5·18 민주화운동을 보았다. 어린 마음이지만 조국의 민주화를 위해 인생을 바쳐야겠다는 생각이 들었다. 고교 시절 내내 난 공부보다는 시위에 열심이었다. 거리에 나가서 어른들과 시위를 하는 것이 내 중요한 일과였다.

'역사에 남은 공산당 지도자들도 다 십 대에 당원이 되지 않았는가. 나도 십 대에 당원이 되자.'

나의 꿈은 진보정당의 당원이 되는 것이었다. 그래서 내가 살아 있는 동안에 당이 정권을 잡지 못한다 해도 전국 각지에 지구당을 만들어 진보정당운동을 하겠다고 결심했다. 낮에는 정당 활동을 하고 저녁에는 동지들과 포장마차를 해서 생계를 꾸리는 삶을 꿈꿨다. 어차피 대학이 운동을 위한 정거장 같은 곳이라면 일찍 노동운동을 하는 것도 괜찮겠다는 생각이 들었다.

그런데 주변 사람들과 이런 이야기를 나누었더니 모두 말린다. 일단 대학 입시는 보라고 한다.

'맞다. 일단 시험은 보고 안 되면 그때 해도 늦지 않다.'

그즈음 난 절실하게 하나님께 기도하고 있었다. 아홉 살 때부터 다니던 교회였지만 그때만큼 절실하게 기도한 적은 없었다. 재수를 하면서 아침마다 어머니와 함께 가정예배를 드리며 기도했다. 시편 한 편을 읽고, 찬송가 한 장을 부르고, 하나님께서 고아와 과부를 불쌍히 여기신다고 하셨는데 어머니는 과부이고, 난 고

아처럼 자랐으니 불쌍히 여겨달라고 간절히 기도했다.

그러던 어느 날, 나는 하나님께 약속을 했다.

'하나님, 대학에 합격해도 납부금이 없어서 대학에 가지 못할 것 같습니다. 그런데 만약 대학에 보내주신다면 하나님의 일을 제일 먼저 하겠습니다.'

서원 기도라기보다는 대학에 보내달라는 기도였으나 두고두고 생각나는 것을 보면 하나님께서 이 기도를 들으시고 응답하신 것 같다. 후에 대학에 진학해서도 이 기도가 마음에 걸렸다.

세상을 향한 분노

대학 입시를 치르기 3개월 전에 제2외국어로 중국어를 선택했다. 공부를 열심히 할 수 있는 상황은 아니었다. 그저 고3 때 실력을 유지하고 시험을 한번 치른다는 생각이었다.

시험 전날 눈이 많이 왔다. 어머니가 아프서서 멀리 가서 약을 사오느라 신발이 젖었다. 신발 밑창이 떨어져서 눈이 들어온 것이다.

'젖은 신발을 신고 시험을 치러야 하나…'

다음 날 아침에 집을 나서는데 어머니가 부르신다.

"길아, 저기 장화 하나 주어다 놨는데 신어봐라."

공사장 인부들이 신는 장화였다. 신어보니 내 발에 딱 맞는다. 젖은 신발은 가방에 넣고 장화를 신고 시험을 보러 갔다. 의외로 아는 문제가 많았다. 중국어도 많이 맞춘 것 같다. 시험이 끝나고, 나름 잘 친 것 같다는 생각이 들었다.

전남대 철학과에 입학했다. 다른 선택은 없었다. 그나마 납부금이 싸고 광주에서 다닐 수 있는 학교였기 때문이다. 게다가 장학생이 되었다. 기도한 대로 대학에 합격했으니 하나님의 일을 제일 먼저 했는가? 아니다. 시위를 아주 열심히 했다. 날마다 시위에 참가하고, 사회과학서들을 읽고, 선배들과 토론하고, 술 마시는 생활이 반복되었다.

내 마음에는 분노가 있었다. 그동안 나를 괴롭힌 세상을 용서할 수 없다는 분노였다. 운동을 한다기보다는 어딘가에 나의 분노를 쏟아붓는 일이 필요했던 것 같다. 하나님은 그런 나를 위태롭게 보셨다. '오월대'라는 운동 조직에 들어가기로 한 전날, 즐거운 마음으로 집에 갔는데 어머니가 노란 종이 한 장을 건넨다. 입대 영장이다. 스물일곱 살 전에 졸업을 못하는 사람들은 군대에 가야 하는 규정에 걸린 것이다. 아버지는 내 나이를 실제보다 한 살 많게 호적에 올리셨다. 형이 한 살 어리게 되어 있어 고등학교를 졸업하고도 아무것도 할 수 없는 것을 보시고 그렇게 하셨다고 한다. 고등학교를 마치면 기술이라도 배워 뭐라도 하라고.

어쨌든 나는 군대에 가야 했다. 한 번도 군대 갈 생각을 해본 적이 없었다. 엉뚱하게도 난 고등학생 때부터 감옥 갈 생각을 하고 있었다. 히틀러 말대로 감옥은 나의 학교가 될 예정이었다. 운동을 하다 감옥에 다녀온 선배들의 이야기를 들을 때마다 난 감옥에 가더라도 꼭 이쪽에서 거물이 되겠다고 생각했다.

학교에 가서 선배들에게 물었다.

"입대 영장이 나왔는데 어떻게 했으면 좋겠습니까?"

선배들이 모두 이구동성으로 말한다.

"군대에 다녀와라. 지금은 운동하는 사람들이 많아서 너를 붙잡기가 그렇다. 군대 가서 그곳을 변화시켜라."

선배 중 단 한 명이라도 군대 가지 말고 같이 운동하자고 했다면 난 군대에 안 가려고 도망이라도 다녔을 것이다. 그러나 모든 선배들이 군대에 다녀오라고 했다. 난 버림받은 느낌이었다. 그러나 하나님은 나를 군대에서 기다리고 계셨다.

군대에서 기다리신 하나님

신병훈련을 마치고 6군단 특공연대로 자대 배치를 받았다. 당시에는 군복이 국방색 민무늬였는데 우리를 데리러 온 장교는 특전사 비슷한 얼룩무늬 군복을 입고 있었다.

'정말 인생 안 풀리는구나….'

매일 아침마다 운동장을 돌고, 태권도를 하면서 다리를 찢고,

산악구보를 했다. 아침에 점호를 하는데 갑자기 일직사령(부대 내의 일직 근무를 지휘하는 장교)이 군화를 한 쪽만 신고 나오란다. 나가자마자 운동장을 돈다. 정말 돌 것 같다. 일직사령이 한참 후에 일장훈시를 한다. 지난밤에 화장실 바닥에 휴지가 떨어져 있었는데 누가 그렇게 했냐고 나오란다. 기가 막힌다.

사격장에 갈 때마다 난 생각했다.

'탄창을 나누어주는 하사관을 붙잡은 뒤 탄창을 모조리 빼앗아서 탈출을 하는 거다. 서울까지만 가면 되는데….'

우연히 이런 생각을 고참한테 말했더니 깜짝 놀란다. 그 고참은 영창에 여러 번 갔다 온 사람이라서 나를 이해해줄 줄 알았는데 아니었다.

지금은 내가 그때 왜 그런 생각을 했는지 이해하기 어렵다. 당시 난 정신과 치료가 필요했는지 모른다. 십 대 때도 광주 시내에 나가는 것을 매우 싫어했다. 시내만 나가면 불을 지르고 싶다는 생각이 들었기 때문이다. 그래서 광주에서 학교를 다니는 동안 시내에 나간 횟수는 손으로 꼽을 정도다. 화려한 쇼윈도나 행복한 사람들을 보면 알 수 없는 분노가 내 속에서 올라왔다. 불을 지르고 싶었다. 세상을 바꾸고 싶다고 생각하는만큼 내 안의 분노도 커졌다. 내 안에는 불이 있었다. 분노의 불이….

얼마 후 우리 부대가 북한 경보병 대대와 대응하기 위해 전방에 들어가게 되었다. 나는 GP(휴전선 안 경계 초소)에는 들어가지 못하고 중대장과 함께 GOP(휴전선 부근 일반 전초)에 남았다. 정확한 이유는 알 수 없었지만 행정병이 아닌 내가 GOP에 남게 된 것은 아마도 전남대 재학 중 운동하다 온 경력 때문인 것 같았다.

GOP 생활은 힘들었다. GP로 식재료를 보내고, 늘 생선이나 음식물을 나누고 날라야 했다. 그리고 시간이 남으면 사격 연습을 했다. 특전사 출신인 중대장과 중대 행정병 몇 명이 사격훈련을 했다. K1 소총은 성능이 좋지 않다. 열 발을 쏘면 일곱 발이 최선이다. 사격이 끝나면 빗나간 세 발 때문에 재래식 화장실의 오물이 내려오는 도랑을 포복으로 올라가야 한다. 심지어는 구덩이에 묻히기도 한다.

한 가지 좋았던 것은 대대군종병 형과 함께 주일예배를 드릴 수 있다는 것이었다. 비록 천장에서 비가 새지만 전방에도 작은 예배당이 있었다. 대한민국은 좋은 나라다. 위대한 신앙의 선배들의 열심이 조국 산천 곳곳에 있다. 군종병 형은 늘 해피소고기 라면을 끓여준다. 한 봉지에 라면 두 개가 들어 있는 것을 반합(飯盒)에 끓인 후 나뭇가지를 끊어다가 젓가락 삼아 같이 먹는다. 그때까지 먹어본 라면 중에 가장 맛있었다.

군종병 형은 박기업 하사다.

"길아, 너 군종병 하면 항상 이 라면 먹을 수 있어."

난 당장 대답했다.

"군종병 할게요!"

그렇게 난 대대군종병이 되었다. 박기업 형의 제대가 다가왔던 것이다.

군대에 갈 때 나는 하나님께 세 가지를 약속했다. 군대 가서도 주일예배는 꼭 드리겠다는 것과 얼마를 받든 십일조를 꼭 하겠다는 것, 나머지 한 가지는 기억이 나질 않는다. 그래서 난 군대에서도 주일에는 꼭 교회에 갔다. 사실 군대에서 주일에 교회 가는 것이 쉬운 일은 아니다. 주일 아침은 보통 중대 고참들과 함께 축구를 한다. 군대에서 하는 축구는 축구가 아니다. 중대간 전쟁이요, 축구 좋아하는 고참들 비위 맞추는 시간이다. 축구를 하다가 헛발질이라도 하면 어김없이 고참이 소리를 지른다.

"야, 머리 박아!"

그럼 뛰던 그 자리에서 곧장 기합을 받아야 한다.

어느 주일 아침에도 축구를 하고 있는데 예배당 종소리가 들렸다. 난 축구하다 말고 운동장 한가운데 서서 큰 소리로 말했다.

"김판수 병장님, 저 교회 가야 됩니다!"

상병 고참들의 눈이 날카로워진다.

"누가 니 맘대로 교회 가래!"

'아차! 교회도 내 마음대로 못 가는구나.'

난 그래도 지지 않았다.

"저, 교회 가야 됩니다."

김판수 병장이 말한다.

"야, 보내!"

그 후로 주일에는 교회에 갈 수 있게 되었다. 알고 보니 김판수 병장은 크리스천이었다. 그가 나를 불러 조용히 말했다.

"내가 보니 너 군대생활 잘할 것 같은데 군종병 하면 군대생활 고달프다. 아무개 봐라. 군종병 하니 얼마나 고참들한테 당하고 후배들이 무시하냐. 그렇게 되지 않으려면 교회는 제대하고 다녀라."

난 교회에 다니면서 군대생활도 잘할 수 있다고 대답했다.

그리고 전방에서 나오자마자 강훈련이 시작되었다. 그동안 전방에서 근무만 섰다고 일주일 내내 유격장에서 구르고 밤을 새워 걷는 훈련을 한다. 특공대 군장을 메고 밤새 걷는다. 처음에는 산에 오르는 것이 힘들다. 그러나 나중에는 산에서 내려오는 것이 더 힘들다. 내려올 때 무릎이 너무 아프다. 고참들은 시간이 갈수록 군장의 무게가 가벼워진다. 주로 식자재들로 군장을 꾸리기 때문이다. 반면 졸병들은 주로 야전삽, 판초의 같은 것으로 군장을 꾸리기 때문에 같은 40킬로그램이어도 훨씬 힘들다.

밤새 걸어서 산 정상의 터널을 지나야 한다. 올라가면서 입에서 저절로 욕이 나온다. 난 기도가 아니라 푸념을 한다.

'하나님, 세상에서 편하게 살던 사람들이 군대 와서 고생하면서 사람 된다는 이야기를 들어본 적이 있습니다. 그런데 저는 세상에서 결코 편하게 산 사람이 아닙니다. 제가 군대에서까지 이렇게 살아야겠습니까?'

중대장이 내게 플래시를 비추며 욕을 해댄다. 난 제정신이 아니었다. 다행히 낙오하지 않고 부대로 복귀했다. 정비하고 쉬고 있는데 오후에 일병 이하 모두 집합하란다. 다음 주부터 3주 동안 공수훈련을 실시한다는 것이다. 다리에 힘이 풀리고 욕할 힘도 없다. 저녁예배를 드리고 올라오는데 눈물이 난다. 난 탄식같은 기도를 했다.

'하나님, 한 번만 봐주시면 안 되나요?'

내가 너에게 누구냐

공수훈련을 마치고 돌아오니 연대군종사병으로 발령이 났다. 1989년 12월이었다. 연대군종병으로 있던 형이 혀에 돌기가 나서 수도통합병원으로 후송되었다. 후임을 뽑아야 하는데 다른 대대 군종병들은 모두 전역이 한 달 남짓이다. 결국 일병이던 내가 연대군종사병이 되었다. 정말 훈련되어 있지 않고 자격 없는, 무엇보다 예수님을 인격적으로 만나지도 못한 내가….

연대의 모든 대대가 한 곳에 있었던 특공연대 특성상 대대군종병은 중대생활을 하면서 모든 훈련을 받아야 했다. 그러나 연대군종사병은 훈련을 받지 않고 교회 일만 하면 된다. 중대생활을 하지 않으니 일이 쉬워 보였는데 막상 해보니 아니었다. 목사님의 비서 업무, 연대군종사병으로서의 행정 업무, 교회 사찰, 주일학교 부감 등 여러 일들이 부과되었다.

그중에서도 가장 힘든 일은 새벽기도였다. 일단 몸이 피곤했다. 겨울에 군종사병은 계피와 생강을 넣어서 차를 끓여 초소마다 돌려야 한다. 차를 돌리고 나면 자정이 넘는다. 내무반에 들어가서 잠깐 자고 일어나서 불침번을 서고, 바로 새벽예배를 드리러 교회로 간다. 추운 겨울이면 교회에 먼저 가서 난로에 불을 붙이고 새벽예배 준비를 한 다음 목사님이 오시기를 기다려야 했다.

몸도 피곤했지만 더 힘든 것은 가끔 목사님이 전방에 가셨을 때 내가 새벽예배를 인도하는 일이었다. 집사님들의 눈치에 못이겨 설교하러 단상에 올라가지만 정말 고역이었다. 나는 예수님이 누구신지 정확히 몰랐다.

유년주일학교와 중고등부를 다녔지만 난 예수님은 가난하고 소외된 사람들을 위해서 이 땅에 오셨다가 바리새인들과 정치 투쟁에서 패배하여 십자가에 죽은 착한 사람으로 알고 있었다. 군대 오기 전에 남미의 해방신학에 관한 책을 조금 읽었던 것이 예수님에 대해 알고 있는 전부였다. 그런데 설교를 해야 하다니 참 난감했다.

심지어 목사님은 설교할 수 있는 군종병을 뽑아야 한다는 말씀을 자주 하셨다. 예수님을 몇십 년 믿어도 성경 한 번 안 읽은 사람이 있다는 것은 바로 내 이야기였다. 그렇다고 남의 설교를 베끼는 것도 아닌 것 같았다.

나는 먼저 예수님이 누구신지 알아야만 했다. 성경을 펴서 마태복음을 읽는데 족보가 나온다. "아브라함이 이삭을 낳고 이삭은 야곱을 낳고 야곱은 유다와 그의 형제들을 낳고 유다는 다말에게서 베레스와 세라를 낳고 베레스는 헤스론을 낳고 헤스론은 람을 낳고…"(마 1:2,3). 나는 답답했지만 꾹 참고 읽었다. 새벽마다 부딪치는 난감함을 해결하자면 이 방법밖에 없었다.

마태복음을 계속 읽어가는데 16장에서 예수님이 제자들에게 자신에 대해서 세상 사람들이 누구라고 하느냐고 물으신다. 그리고 제자들에게 "너희는 나를 누구라 하느냐" 하고 물으신다. 베드로는 "주는 그리스도시요 살아계신 하나님의 아들입니다" 하고 예수님이 기뻐하시는 답을 말한다.

이 장면을 읽다가 나에게도 동일한 질문이 마음에 들어왔다. 예수님이 나에게 직접 물으시는 것 같았다.

'길아, 내가 너에게 누구냐?'

내가 이 질문에 대답할 차례였다. 예수님은 나에게 누구신가에 대한 나만의 대답이 필요했다. 고민하면서 계속 성경을 읽었다. 특히 오병이어(五餅二魚) 기적 장면이 나오면서 예수님이 사람들의 권유를 물리치시는 장면이 흥미로웠다. 세상 사람들이 억지로 임금 삼고자 했으나 예수님은 거절하시고, 떡을 먹고자 오는 사람들에게 생명의 떡을 먹어야 산다고 말씀하시면서 사람들을 모두 보내버리셨다.

만약 예수님이 내 생각처럼 민중의 지도자였다면 제자들과 따르는 사람들이 떠나도록 해서는 안 된다. 분명 예수님은 현실 정치와 거리가 있으셨다. 문득 나는 예수님 본인이 자신을 누구라고 말씀하시는 것이 가장 정확하다는 생각이 들었다.

예수께서 이르시되 내가 곧 길이요 진리요 생명이니 나로 말미암지 않고는 아버지께로 올 자가 없느니라 요 14:6

그는 민중의 지도자가 아니고 세상을 구원하러 오신 하나님이셨다. 본인이 하늘에서 왔으며 우리는 그를 믿어야만 산다고 말씀하셨다. 나는 예수님이 이 땅에 오신 것은 확실히 믿었기 때문에, 예수님이 자신에 대해서 직접 말씀하신 것을 믿기로 했다.

확실히 예수님은 내가 알던 예수님이 아니셨다. 십자가에서 피로 값 주고 나를 샀다는 것은 정말 깊은 생각을 하게 했다. 예수님이 나를 피로 값 주고 샀다면 난 팔린 것이었다. 그렇다면 나의 인생은 내 것이 아니라 예수님의 것이고, 난 그의 종이 되는 것이다. 생각이 여기까지 진행되자 더 절실해졌다.

'그렇다면 어떻게 살아야 할 것인가….'

고민이 더 깊어졌다. 무언가 내 인생의 방향이 달라지고 있다는 느낌이 들었다. 내 마음대로 할 수 없는, 나를 이끄는 어떤 힘을 느끼고 있었다. 예수님이 내 인생의 진짜 주인이 되신 것이다.

2장

인생을 걸다

분명한 음성

새벽마다 부르짖는 날이 계속되었다. 정말로 예수님이 내 인생의 주인이시라면 내가 앞으로 어떻게 살아야 할지 분명하게 말씀해주셔야만 했다.

군대 교회에서 부흥회를 했는데 목사님께서 부르짖어 기도했으면 조용히 앉아서 하나님께서 주시는 마음을 기다려보라고 하신다. 그래서 그날부터 기도하고 나서 조용히 기다리게 되었다. 그러나 하나님의 응답은 오지 않았다. 오기가 났다.

'하나님, 저는 제 인생을 걸었습니다. 제가 얼마나 소중하게 그리고 열심히 꿈을 가꾸었는지 아실 겁니다. 그러나 이제 예수님이 주인되셨으니 주인의 생각을 알아야 한다는 생각이 듭니다. 제 인생에 대한 계획을 말씀해주십시오. 적당히 말씀을 읽다가 해석 되는 것 말고, 목사님 설교를 통하여 말씀하시지 마시고, 경건서 적을 통하여 말씀하시지 마시고, 제 귀에 대고 직접 말씀해주십시 오. 그래야 제가 의심 없이 따라갈 수 있겠습니다.'

나의 꿈은 앞에서도 말했지만 진보정당운동을 하는 것이었 다. 나의 인생은 내 것이었다. 나는 내가 하고 싶은 일을 위하여 감옥에 가거나 고문을 당하는 것을 각오했다. 누가 알아주지 않아 도 나는 내가 하고 싶은 일을 할 것이고, 혹 후에 역사에 이름이 남 는다면 큰 영광으로 알겠다는 것이 내 생각이었다. 가진 거라곤 오직 인생에 대한 꿈 하나만 있던 나에게 그 꿈을 깨는 일이 시작 되었다. 몇 달 동안 간절히 기도했다.

드디어 어느 날, 내 마음에 세미한 음성이 들렸다.

'너는 내게 부르짖으라. 내가 네게 응답하겠고 네가 알지 못 하는 크고 은밀한 일을 네게 보이리라(렘 33:3). 길아, 장차 네가 어 떤 일을 할 건지 보여주고 싶은데 그 일이 어려운 일이다. 그래서 지금 말하면 네가 도망갈 것 같다. 때가 되면 보여주마.'

어려운 일이라고 말씀하셔서 조금 마음에 걸렸지만 그래도 기뻤다. 기도 응답을 받은 것이다. 하지만 얼마 지나지 않아서 혼 란스러워졌다. 그때 내 마음에 세미하게 들렸던 음성은 도대체 누구의 것인가 하는 문제였다. 셋 중 하나라는 생각이 들었다. 내가 하도 기도하니까 내 음성이 나에게 들렸거나, 원수가 속인 것이거나, 하나님께서 직접 응답하신 것이라고.

먼저 내 음성은 아니라는 생각이 들었다. 왜냐하면 나는 예레미야서 33장 3절 말씀을 잘 몰랐다. 나중에 큰 음식점에 갔는데 액자에 그 말씀이 기록되어 있었다.

'아, 저 말씀이 예레미야서에 있는 거구나.'

원수가 말한 것도 아니라는 생각이 들었다. 그 음성을 듣고 나서 내 마음이 평안해지고 더욱 하나님을 사랑하게 되었기 때문이다. 원수가 나를 속였다면 아마 그런 일은 일어나지 않았을 것이다.

시작된 훈련

이전에는 새벽기도가 정말 힘들었는데 기도 응답을 경험한 후부터는 가장 행복한 시간이 되었다. 날마다 눈물바다였다. 이제껏 살아온 나의 인생을 하나님이 위로하기 시작하셨다. 새벽마다 내 마음 깊은 곳에서 통곡이 터져나왔다. 하나님은 계속해서 나를 위로하시고 치료하셨다.

말씀을 읽는 것도 즐거웠다. 1년 안에 성경을 일독하고자 했으나 12월 말이 되었는데 겨우 구약만 읽었다. 나는 마음이 급해졌다. 12월 마지막 날이 되었다. 군종실 문을 잠그고 아무도 오지 않게 해달라고 기도하고 하루 종일 신약을 다 읽었다. 물론 무슨 내용인지는 전혀 알 수 없었지만 성경을 일독했다는 뿌듯함이 몰려왔다. 더 이상 일독에 대한 부담을 갖지 않아도 되었다.

일독을 한 후부터 성경을 전보다 더 많이, 더 자주 읽게 되었다. 《톰슨2 주석성경》으로 세 번째 읽을 때 말씀 속에 있는 내용들이 툭툭 튀어나오는 것 같은 경험을 하게 되었다. 아브라함이 살아 있고, 모세가 살아 있었다.

그러나 나의 성품은 여전히 군종사병하고는 어울리지 않았다. 난 늘 누군가와 싸우는 사람이었다. 대대군종사병을 괴롭히는 중사와 연대장 관사 앞에서 멱살 잡고 싸우다 원사님에게 혼나고, 졸병들을 괴롭히는 병장과 싸우다 상처를 입히는 일이 일어났다. 나는 하나님께 간절히 기도했다.

'다시는 주먹 쥐고 싸우지 않겠습니다.'

그 후로는 주먹 쥐고 누구와 싸운 일은 없었다. 그러나 이미 나는 '역대 가장 악독한 군종사병'으로 불리고 있었다. 목사님도 열심히 섬기고, 교회 일도 최선을 다했으나 나는 성격에 문제가 많았다.

내 주관이 강한 나에게 하나님의 깊은 간섭이 시작되었다. 보통 군종사병들은 일주일에 한 번씩 교회에 필요한 물품을 사기 위해 의정부로 나온다. 의정부에 나올 때면 늘 자장면 곱빼기를 사먹고 남은 자장에 밥을 비벼 먹는 것이 큰 즐거움이었다. 군대 밥만 먹다가 사회에 나와서 자장면을 마음대로 사먹을 수 있다니…. 정말 큰 특권이었다.

어느 날 의정부역에 내려서 자장면 먹을 생각에 즐거운 마음으로 걸어가고 있는데 마음에 강한 부담이 느껴진다. 자장면 값을 역전에서 구걸하는 이에게 헌금해야 한다는 부담이다.

'이건 절대로 안 된다.'

그러나 발길이 앞으로 나가지 않는다. 난 뒤로 가서 벽에 기대고 서서 아무도 모르게 그러나 정말 간절하게 기도한다.

'하나님, 정말 하나님의 뜻입니까? 저 사람에게 제 점심 값을 주는 것이….'

하나님은 분명하게 말씀하신다.

'헌금해라.'

마음이 어렵다. 온갖 변명이 다 떠오른다.

'하나님, 저 사람이 저보다 더 부자일 것입니다. 저는 한 달에 만 원 법니다. 저 사람은 아마도 하루에 그 정도 벌 겁니다. 그리고 돈을 줘봤자 술 사먹고 말 겁니다. 저는 배가 고픕니다.'

하나님은 다시 분명하게 명령하신다.

'헌금해라.'

나는 주머니를 뒤져 동전을 찾는다. 다시 강한 명령이 온다.

'다 헌금해라.'

결국 점심 값을 모두 주고 만다.

'아무런 의미도 없는 일인 것 같은데… 나만 배고플 텐데….'

헌금을 하고 나니 하나님께서 정말 기쁘다고 말씀하신다. 나도 기쁘다.

'길아, 네가 저 사람에게 점심 값을 준 것은 너의 생명을 준 것이나 다름없다. 나는 네가 자랑스럽다.'

마음이 행복해지고 발걸음이 가벼워진다. 그러나 배고프다. 허전하다. 부대에 들어와서 교회에 있는 라면을 끓여서 밥을 말아 마음껏 먹는다. 자장면이라고 생각하면서….

죄와 싸우는 일도 시작되었다. 그 전에는 자위행위를 하는 것이 건강한 남자의 표시인 줄 알았으나 성경을 읽어보니 지나가는 여자를 보고 음란한 생각만 해도 간음한 것이라고 했다. 정말 나의 죄를 이루 말할 수 없었다. 새벽마다 죄에 대한 깊은 회개가 일어났다. 그러나 죄는 쉽게 없어지지 않았다.

'어떻게 이 죄를 다스릴 수 있는가….'

정확한 해답을 주는 책이 없었다. 그나마 도움이 된 것은 존 번연의 《죄인 괴수에게 넘치는 은혜》와 리처드 닉슨 대통령의 보좌관을 하다가 감옥에 간 찰스 콜슨의 간증인 《러빙 갓》이었다.

하지만 그 책들이 직접적으로 내 죄를 이기게 해주지는 못했다.

확실한 부르심

하나님께서 나를 부르고 계신 것은 확실했다. 그러나 구체적으로 어떻게 살아야 할지는 알 수가 없었다. 신학을 할 생각은 없었다. 목사로 살고 싶지 않았기 때문이다.

고등학교 3학년이 끝나갈 무렵, 이런 생각을 한 적이 있다.

'내가 어떻게 고등학교를 마치게 되었을까? 우리 집 식구들에 비하면 난 정말 미련한데 어떻게 졸업을 했을까?'

언젠가 누나가 한 말도 생각이 났다.

"길아, 우리는 하루도 못 있는 큰오빠 밑에서 네가 십 년이나 있었던 것은 꿈이 있었기 때문이야."

사실 꿈도 꿈이지만 누군가 등 뒤에서 나를 밀고 있다는 생각을 했다. 불현듯 두려웠다.

'누구란 말인가… 혹시 하나님? 왜 나를… 목사 만들려고?'

정말 그렇다면 큰일이라고 생각했다. 난 막연히 목사로 사는 것을 두려워했다. 무엇인가에 구속되는 것이라 여겼고, 어려서부터 갖고 있던 시민운동에 대한 꿈을 접을 수 없었기 때문이다.

현실적으로 가장 좋은 대안은 문익환 목사님 같았다. 고등학생 때 가톨릭 회관에서 강의하시는 목사님을 뵌 적이 있다.

'문익환 목사님은 목사이자 운동가이시니까 나도 저렇게 살면 어떨까….'

조금 지나서는 김진홍 목사님 책을 읽고 완전히 넋을 잃었다.

'이런 분이 계셨단 말인가! 그래, 이분이 바로 나의 모델인 것 같다.'

난 도시빈민운동을 해야겠다고 생각하고 김진홍 목사님 책을 있는 대로 사서 읽었다. 그러면서 공동체운동에 대해서도 생각을 하게 되었다. 그렇게 조금이라도 학생운동과 연관을 가지면서 신앙생활을 하는 방법을 찾았다.

첫 휴가를 나왔을 때였다. 휴가를 나와도 마땅히 갈 곳이 없어 큰형님 집에 갔다. 형은 차를 샀다고 하면서 좋아했다. 그 다음날은 어머니를 만나러 갔다. 어머니는 광주 외곽에 한 음식점 주방에서 일하시면서 어떤 남자분과 단칸방에 살고 계셨다. 어머니를 만나고 오는 내내 버스 뒷좌석에 앉아서 울었다. 창자가 끊어지게 운다는 것이 무엇인지 알만큼 고통스러웠다.

'어머니를 어떻게 할 것인가….'

그날 밤은 고통스러웠다. 일을 마치고 저녁 때 형님네로 오신 어머니는 형에게 그동안 서운했던 것들을 이야기하셨고, 형은 술을 마시고 내게 나가라고 소리치면서 유리창을 깼다. 형의 손에서 피가 흘렀다. 익숙한 광경이었다.

"형, 앉아요."

나는 형을 앉게 했다.

"왜? 나를 때리고 싶냐?"

형이 내게 다가왔다. 어머니는 형의 뺨을 때렸고, 형은 발로 어머니를 찼다. 나는 형 집에서 나왔다. 휴가가 3일이나 남은 상황이었지만 갈 곳이 없어 바로 부대로 복귀했다. 늘 나는 갈 곳이 없었다.

고참들은 3일이나 빨리 복귀한 나를 이해하지 못했다. 어디서 사고치고 도망쳐온 것 아니냐고 여러 번 물었다. 자세히 기억나지는 않지만 아마도 우리 집 이야기를 했던 것 같다. 사납기만 했던 고참들이 갑자기 나를 불쌍하게 보면서 말한다.

"야, 너희들 앞으로 김길이 건드리지 마라!"

남은 휴가를 내무반에서 보냈다. 휴가에서 복귀한 후로 어머니를 위해 눈물로 기도하는 날들이 많아졌다.

'하나님, 어머니에게 도시 근교에 텃밭이 있고, 교회가 가까운 집을 허락해주십시오.'

마지막 휴가를 나왔을 때 군대에 오기 전에 다니던 서남교회에 갔다. 안영로 목사님께서 기도 카드를 주시면서 기도제목을 알려달라고 하셨다. 나는 진로에 관해 고민하고 있던 터라 다음과 같이 기도를 부탁드렸다.

"본래 학생운동을 하려고 했는데 군대에서 예수님을 인격적으로 만났습니다. 진로를 어떻게 정해야 할지 고민하고 있습니다. 기도 부탁드립니다."

전역할 즈음 난 주변의 권유와 아울러 스스로도 신학을 해야 하는 것이 아닌가 생각하고 있었다.

제대 후 나는 어머니와 다시 살게 되었다. 어머니는 주일을 지키는 것이 어려우셨다. 나중에 알고 보니 어머니가 하시던 노동일이 팀으로 짜여 있기 때문에 누군가 쉬면 그 일을 다른 사람이 해야 하는 구조라는 것이었다. 그러나 내가 막무가내로 어머니와 같이 교회를 가야 한다고 우겨서 결국 어머니는 세례를 받으시고 주일을 지키게 되셨다.

나의 진로에 가장 큰 영향을 준 것은 어머니셨다. 어머니는 안영로 목사님의 설교하시는 모습을 보시면서 이렇게 말씀하시곤 했다.

"길아, 너도 저렇게 되면 좋겠다."

안 목사님처럼 덕 있게 목회하라고 자주 말씀하셨고, 나도 그렇게 되고 싶었다. 학생운동에 대한 생각이 정리되고 있을 즈음 좋은 목회자가 되고 싶다는 소망이 일어났다. 좋은 목사로 좋은 교회를 섬기면서 어머니와 행복하게 살고 싶다는 마음이 생겼다.

전역하고 나서도 새벽기도는 계속되었다. 2년 동안 새벽마다 기도를 하면서 하나님 앞에 머무는 것이 몸에 밴 것이다. 새벽에 저절로 눈이 떠질 뿐 아니라 새벽에 기도하지 않으면 하루 생활이 힘들었다. 그 시간은 정말로 하나님을 만나는 귀한 시간이었다. 한 가지 고민은 내 안에 들려오는 세미한 음성에 대한 것이었다.

'이것이 정말 하나님의 음성일까?'

어느 주일에 안 목사님이 설교하시는데 하나님의 세미한 음성을 들으라고 말씀하셨다. 귀가 번쩍 뜨였다.

'아니, 목사님도 들으시는가?'

목사님께 여쭈어보고 싶었지만 조심스러웠다. 나중에 목사님이 청년부 수련회에 오셔서 말씀을 전하셨는데 또 하나님의 세미한 음성을 들으라고 말씀하셨다. 마침 청년 한 명이 질문했다.

"목사님, 하나님의 세미한 음성을 듣는다는 것이 무슨 뜻입니까?"

목사님께서는 하나님이 우리 마음 가운데 말씀하시는 것이라고 하셨다.

'아… 내가 잘못되고 있는 것이 아니구나!'

다행이었다. 나중에 목사님의 자서전을 보게 되었는데 목사님은 여고 교목(校牧)에서 서남교회 담임목사로 오시면서 하나님이 주시는 음성을 들으셨다고 한다. 그 내용은 '사찰 집사를 섬기라' 라는 것이었다. 그 음성에 따라 교회에 오신 것이다. 목사님은 정말 사찰 집사뿐 아니라 모든 성도들을 섬기셨다. 교회는 분열의 아픔을 씻고 금방 부흥이 되었다.

나는 어느 날 청년부실 책상 위에 있는 문고판 책을 보게 되었다. 예수전도단의 설립자인 로렌 커닝햄이 쓴 《하나님, 정말 당신이십니까?》였고, 부제는 '하나님의 음성을 듣는 법' 이라고 되어 있었다. 순식간에 책을 다 읽었다. 그 책을 통해 예수전도단(예전단)이라는 단체를 알게 되었다. 그 책에 의하면 중학생도 하나님의 음성을 듣고, 이미 대(代)를 이어 그런 삶을 살아온 사람도 있다는 것이었다. 한편으로 다행이었고, 한편으로는 마음에 바람이 빠지기도 했다.

'나만 특별한 체험을 한 것이 아니라 이미 많은 사람들이 하나님이 주시는 세미한 음성을 따라서 살고 있구나.'

그 선교단체에 가보고 싶었지만 신학대학원에 갈 준비를 위해서는 시간을 아껴야 한다고 생각했다. 아르바이트를 해야 했고, 장학금을 받으려면 공부도 해야 했다. 나의 인생이 나의 것이 아니었음을 그때는 몰랐다.

그렇게 2학년 1학기가 지나고 10월 즈음, 인문대 앞에서 영문과를 다니던 예전단 간사를 만나게 되었고, 나는 전남대 예전단 모임에 나가게 되었다. 거기에서도 하나님은 나를 기다리고 계셨다. 눈물이 많이 났다.

캠퍼스 모임에 나가서 은혜를 받고 난 이후에 내 삶은 내 뜻대로 통제되지 않았다. 일단 아침에 묵상 모임에 나가야 했다. 보통 일과는 새벽에 기도를 하고 아침을 먹고 바로 학교에 가서 성경을 몇십 장 읽는 것으로 시작되었다. 강의가 없는 시간에는 도서관에서 공부하고 성경이나 책을 읽었다. 학생운동하는 사람들과는 점점 멀어졌다. 그것은 나의 뜻이라기보다는 하나님의 강요에 가까운 것이었다.

한번은 학과 수련회에 가서 운동하는 친구들과 술자리를 함께하게 되었다. 나는 술을 마시지 않고 밤새 술자리에 앉아 있었다. 수련회가 끝나고 교회에 갔는데 하나님께서 나의 기도를 받지 않으셨다. 괴로워서 하나님 앞에서 머물고 있을 때 세미한 하나님의 음성이 들렸다.

'네 교만한 말이 내 귀에 들렸도다.'

나는 의아했다.

'도대체 나의 무슨 말이 잘못되었던 것일까?'

잠잠히 기다리는데 친구들 앞에서 했던 말이 떠올랐다. 운동하는 친구들이 내가 군대 갈 때 조그만 천에 혈서를 써주었다.

"죽지 말고 살아서 돌아와."

지금 생각하면 너무 비장하다 싶지만 그때는 그런 분위기였다. 당연히 친구들은 나의 변신에 당혹스러워했다. 내가 변했다는 것이다.

한 후배가 말했다.

"형, 왜 예수는 믿어가지고 그렇게 된 거야?"

그가 술에 취해 원망 섞인 안타까운 목소리로 말했을 때 내가 말했다.

"그러게 말이다. 나도 왜 내가 예수를 믿어서 이렇게 되었는지 모르겠다."

하나님은 싫어하셨다. 난 정말 놀랐다. 사람들 앞에서 분위기에 휩쓸려 한 말을 하나님이 들으셨다는 것에 놀랐다. 또한 그 말이 하나님을 그렇게 슬프고 화나게 했다는 사실에 놀랐다.

어느 날인가 학생운동을 하는 친구들이 도서관 광장으로 모이고 있었다. 전자피아노 반주에 맞추어 운동권 노래들이 울려 퍼졌다. 각 과의 깃발들이 나부끼고 사람들은 비장한 표정으로 노래를 불렀다. 도서관에서 그 광경을 보며 나는 울고 있었다.

'왜 나는 내가 하고 싶은 것을 하지 못할까?'

그때 하나님은 또 크게 화를 내셨다.

'네가 앞으로 하게 될 일이 얼마나 영광스럽고 좋은 일인데 울고 있느냐. 눈물을 그치라.'

눈물이 쑥 들어갔다. 하나님의 뜻은 명백했다. 더 이상 학생 운동은 아니었다.

'나의 삶은 이제 한 가지다. 열심히 공부해서 신대원에 가고, 교회에서 인정받는 사역자가 되고, 좋은 목사가 되어서 어머니 모시고 행복하게 사는 것이다.'

나의 꿈은 그렇게 소박해졌고, 난 행복했다.

목숨을 건 전도

예전단 지체들과 첫 전도여행을 갔다. 전도여행 이야기를 처음 들었을 때는 갈 수 있는 상황이 아니었다. 신대원은 영어 준비가 중요하기 때문에 겨울 방학 동안 확실하게 영어를 공부해두어야 한다는 계획과 방학을 이용해 전공인 철학서들을 읽고 싶은 마음이 있었다. 그러나 내 마음대로 하기에는 난 이미 하나님의 인도하심을 세밀하게 받고 있었다. 새벽에 기도하는데 전도여행에 가야 한다는 부담감이 강하게 들었다.

다음 날 아침 묵상 모임에 나가서 "누군가 나를 위해 기도하고 있는 것 아닌가요?" 했더니 간사님이 웃는다. 나는 결국 전도여행을 가게 되었다. 전남 무안군 망운면 송현리 바닷가에서 예수님은 또 다른 계획을 가지고 계셨다.

섬 전도여행을 준비하면서 현지 교회 김삼수 목사님이 섬은

함부로 전도하면 그동안 쌓아온 교회 이미지가 타격을 받기 때문에 전도 대신 구제품을 나눠주고 우물 파는 사역을 해주면 좋겠다고 하셨다. 우리는 비누, 수건, 치약, 화장지를 넉넉하게 가져가 정성스럽게 나누어주고 우물 파는 일만 했다. 다행히 집집마다 모두 반갑게 맞아주셨다. 우물 파는 것은 힘들었지만 모두가 성령충만하여 정말 즐겁게 했다.

섬에는 전기도 들어오지 않고 수돗물도 나오지 않았다. 머리를 감을 때도 처마 밑에 받아둔 빗물을 썼다. 목사님이 조금 더 작은 섬에 가서 예배를 드리면 좋겠다고 하셔서 작은 배를 타고 갔다. 섬으로 가면서 목사님이 파도가 조금 걱정스럽단다.

그 섬에는 세 사람이 살고 있었다. 말이 잘 안 되시는 할아버지 한 분과 자식들을 육지로 보내고 섬에서 일하시는 노부부가 살고 있었다. 가져간 물품을 드리고 예배를 드렸다.

돌아오는 길에 우리는 파도를 만났다. 그리 큰 파도가 아니었는데 조그만 보트에 열세 명이 타고 있었기 때문에 배는 곧 뒤집어질 것 같았다. 목사님은 바다에 빠지면 물이 차가워서 생명이 위태롭다고 하셨다. 파도가 연달아 두 번 배를 쳤다. 배 앞에 앉아 있던 나는 모든 파도를 뒤집어쓰고 울고 있었다.

'하나님, 이 배를 의지하는 것이 아닙니다. 하나님만을 의지합니다.'

정말 배를 의지할 수 있는 상황은 아니었다. 세 번째 파도가 오는 것을 보고 있던 나는 본능적으로 목사님을 향해 크게 외쳤다.

"목사님, 시동을 끄세요!"

목사님이 시동을 끄셨고, 배는 파도에 부딪쳐 이리저리 나뭇잎처럼 흔들렸다. 다행히 배는 뒤집어지지 않았다. 배는 갯벌 쪽으로 밀렸다가 무사히 돌아왔다. 목사님은 우리가 죽는 것은 문제가 아닌데 전도여행 팀이 죽으면 복음 전하는 데 방해가 될까봐 걱정이었다고 한다.

'난 내 목숨이 더 중요한데….'

그날 저녁 목사님은 간증을 하셨다. 섬에서 복음 전하다가 술취한 사람이 낫을 휘둘렀는데 목사님 목에 낫이 들어오지 않았다는 이야기, 보트를 타고 전도하러 가다가 팅겨나가서 보트는 멀리 가고 자신은 물에 빠져서 죽게 되었는데 보트가 돌아온 이야기를 하셨다.

'어휴, 미리 알았다면 같이 가지도 않았을 텐데….'

어쨌든 그날 나는 사람이 정말 쉽게 죽을 수 있다는 것을 알았다. 저 멀리 섬이 보이는데 모두 죽게 생긴 기막힌 상황에서 나의 소박한 꿈마저 죽었다.

'이렇게 쉽게 죽는데 나를 위해 살면 안 되겠다. 예수님을 위해 살아야겠다. 어떻게 예수님처럼 살 것인가?'

대학 3학년 때 대학생 DTS(예수제자훈련학교) 훈련을 받게 되었다. 어떻게 살 것인가 하는 고민 속에서 예수님처럼 살겠다고 기도했는데, 예수님의 삶은 이 땅에서 그리 빛나는 삶이 아니었다. 그래서 나도 예수님처럼 살기로 하고, 이 땅에서 그렇게 사는 삶은 예전단 간사가 되는 것이라는 생각이 들었다. 월급도 받지 않고 아무런 보호도 없이 공동생활을 하면서 예수님께 삶을 드린 간사님들의 삶은 예수님과 닮아 있었다.

DTS 입학날부터 학교는 뒤숭숭했다. 같이 훈련받기로 결정한 한 자매의 어머님이 오셔서 큰 소리로 울면서 딸을 데려가셨다. 아버지가 돌아가셔서 절대 DTS를 할 수 없다고 한바탕 소동을 벌이고 딸을 데려간 것이다. 우리는 묵묵히 상황을 지켜보아야 했다. 그 시절 광주에서 대학생의 삶은 부모의 삶과 직결되어 있다. 모두 어렵게 대학에 갔고, 부모는 대학에 간 자식에게 기대가 있었다. 대부분 부모들은 힘든 삶을 살았기 때문에 자녀들이 대학을 졸업하고 돈을 벌어서 집을 돕기를 기대하고 있었다. 그런데 자식이 공동생활을 하고 선교에 헌신한다는 것은 부모로서 도저히 용납할 수 없는 것이었다.

나도 하나님의 뜻을 따라 DTS를 하기로 했지만 어머니가 걱정이 되었다. 막내아들과 같이 사시면서 교회도 다니고, 세례도 받으셨는데 몇 개월 동안 어머니와 떨어져 훈련받고 간사로 살게 되면 어머니의 삶이 어떻게 될 것인가 하는 걱정에 망설이고 있었다. 그런데 하나님은 분명하게 약속하셨다.

'너는 나에게 헌신하라. 내가 네 어머니를 책임지마.'

얼마 지나지 않아 어머니는 큰형과 함께 살게 되셨다. 형은 광주 근처에 땅을 사시고 집을 지었다. 집 주변에 감나무를 심고 텃밭을 만들고 마당을 넓게 하고 우물을 팠는데 좋은 물이 나왔다고 어머니가 기뻐하신다.

제자훈련학교에서 비로소 나는 그리스도의 몸 안에서 지체가 성령으로 하나 되어 훈련받는다는 것이 무엇인지 배웠다. 산속에 들어가서 금식기도하고 성경을 백 번 정도 읽어서 안목이 생기면 영적인 거인이 되는 줄 알았는데 그게 아니었다. 공동생활하면서 나타난 내 인격의 문제점들은 오히려 나를 겸손하게 만들었다. 영적인 거인은 영적인 능력이 탁월한 사람이 아니라 사람들과 어울리면서 예수님을 나타나게 할 수 있는 온전한 사람이었다. 온전함과는 전혀 거리가 먼 들쭉날쭉한 나의 속사람의 상태는 강한 훈련이 필요했다.

용권이는 같이 DTS를 했던 친구 중에 한 명이다. 당시 그는 목포에서 학교를 다니던 신입생이었는데 목포에 예전단이 완전히 개척된 상태가 아니라서 광주에서 DTS를 하게 되었다. 용권이는 입학식에 참석하지 않았다. 거의 일주일이 지난 뒤에야 학교에 왔는데 전혀 미안해하지 않는 모습에 적잖이 놀랐다. 더군다나 주말만 되면 집으로 가야겠다고 학교를 흔들어놓았다. 나는 자신의 어려움을 공동체의 어려움으로 만드는 사람을 그냥 보지 못한다. 모든 학생들과 간사님들이 용권이를 대하기 힘들어했지만, 난 가끔 싫은 소리하는 것을 마다하지 않았다.

문제는 점점 더 커지고 있었다. 한 방에서 여섯 명의 형제들이 같이 잤는데 공간이 부족해서 머리를 벽으로 하고 다리를 가운데로 뻗은 상태로 잤다. 더운 여름날이었다. 나는 잠잘 때 누가 건드리는 것을 참지 못하는데 한참 피곤에 절어서 자고 있는데 갑자기 가슴이 답답했다. 용권이의 발이 내 배 위에 올라와 있다. 정말 짜증난다. 발을 치우고 다시 잠을 청한다. 깊이 잘 수 없다. 예민해진다. 결정해야 한다. 훈련을 그만둘 것인가, 아니면 용권이를 용납할 것인가.

이런 상황이 훈련이라는 것은 이미 알고 있다. 누구의 잘잘못을 따질 때가 아니다. 내가 결정해야 한다. 훈련을 받을 것인가, 포기할 것인가. 훈련을 받기로 결정했다. 어떤 일이 있어도 판단하지 않고 훈련을 받기로 했다. 그리고 그 결정에 대한 표시로 나에게 들어오는 재정(DTS 후원금)의 10분의 1을 용권이에게 헌금하기로 결정했다.

재정이 흘러가니 마음이 흘러가고 점점 용권이와 친해졌다. 나중에는 간사님으로부터 용권이의 좋은 형으로 있어주어서 고맙다는 말을 듣는다. 모든 상황에서 나의 판단은 제쳐놓기로 했다. 어떤 사람의 연약한 부분을 용납하지 않으면 훈련은 뒤로 미루어진다. 그 연약함에 대해 이러쿵저러쿵 따지고 있어도 마찬가지이다. 난 마치 코뚜레를 한 소처럼 끌려가고 있다는 느낌을 내내 받았다.

온전한 사람

하나님은 나를 뛰어난 사람이 아니라 온전한 사람으로 만들고 싶어 하셨다. 책망할 것이 없는 사람, 누구와도 잘 어울릴 수 있는 사람, 혼자 뛰어난 사람이 아니라 그리스도의 몸을 섬길 수 있는 사람으로 빚어가셨다. 공동체 안에 있는 사람들은 서로 남이 아니라 같이 연결되어 훈련받는다는 것을 깊이 알게 되었다. 용권이의 삶은 더 이상 용권이의 삶이 아니라 바로 나의 삶이었다. 용권이가 힘들어 하는 것을 내가 모른 척하거나 판단하는 것은 다름 아닌 나를 괴롭히는 일이 되었다.

그 즈음에 억지로 오 리를 가자하면 십 리를 동행하는(마 5:41) 훈련이 계속되었다. 이해할 수 없는 훈련들이었다.

또 너희가 너희 형제에게만 문안하면 남보다 더하는 것이
무엇이냐 이방인들도 이같이 아니하느냐 그러므로 하늘에
계신 너희 아버지의 온전하심과 같이 너희도 온전하라

마 5:47,48

DTS를 할 때 내적치유 강사로 오신 분과 같이 농구 시합을 한 적이 있다. 농구 시합 후 그는 내가 너무 공격적이라고 했다. 그의 말이 맞다. 나는 지나치게 경쟁하고, 이기고 싶어 하고 뛰어나기 원했다. 그리스도의 몸을 세울 수 없는 사람이었다. 다른 사람을 이기고 싶어 하는 사람이 어떻게 연약한 사람을 세우겠는가! 그래서 더 연약한 사람을 위해 기꺼이 나를 내어주는 훈련은 필수적이었다.

그가 어떤 사람은 사도로, 어떤 사람은 선지자로, 어떤 사람
은 복음 전하는 자로, 어떤 사람은 목사와 교사로 삼으셨으
니 이는 성도를 온전하게 하여 봉사의 일을 하게 하며 그리
스도의 몸을 세우려 하심이라 우리가 다 하나님의 아들을
믿는 것과 아는 일에 하나가 되어 온전한 사람을 이루어 그
리스도의 장성한 분량이 충만한 데까지 이르리니 엡 4:11-13

나는 이 말씀을 깊이 묵상했다. 예수 그리스도의 장성한 분량이 충만한 데까지 이른 사람은 온전한 사람이다. 온전한 사람은 "우리가 다 하나님의 아들을 믿는 것과 아는 일에 하나가 되게" 할 줄 아는 사람이다. 가장 성숙한 사람이 누구인가? 믿음이 연약한 사람은 물론 몸의 모든 구성원이 예수님을 잘 알도록 몸을 섬겨 하나가 되게 하는 사람이다. 묵상 중에 나는 깨달았다. 나의 연약함들, 예컨대 너무 경쟁적인 것들이 그리스도의 몸을 상하게 한다는 것을….

3장
고난의 광야로

보호가 없는 인생

DTS에서 훈련을 받을 때, 처음에는 주로 그동안 자신이 살아
온 이야기들을 나눈다. 나는 한 자매의 이야기를 듣고 간사님들이
걱정할 만큼 많이 울었다.

자매의 아버지는 도박에 빠져서 재산을 다 날리고 돌아가셨
고, 딸만 여섯을 낳으셨던 어머니는 다섯째 딸인 자매를 강원도의
친척 집으로 보냈다고 한다. 다섯 살에 가서 여덟 살이 되어서 집
으로 왔는데 그 3년 동안 자매는 한 번도 엄마를 못 봤다고 한다.
집으로 돌아왔을 때 언니들과 동생이 "너는 어디서 왔냐"라는 말을
듣고 상처를 받았다는 자매의 이야기를 들으면서 난 많이 울었다.

자매는 내 이상형이었다. 난 부모에게 버림받은 경험이 있는 사람을 원했다. 부모에게 버림받는다는 게 무엇인지 모르는 사람이 나의 깊은 정서를 이해할 수 없을 거라고 생각했다. DTS를 마치고 대학 4학년 때 나는 그 자매와 교제를 시작했다.

그런데 내가 예전단 간사로 헌신하게 되면서 자매의 인생은 꼬이기 시작했다. 자매가 선교단체 간사와 교제하는 것을 집에서 완강히 반대했다. 어느 날 자매의 큰언니와 형부가 나를 보자고 했다. 그들은 나를 보자마자 차에 타라고 하더니 자신의 집으로 데려갔다. 그리고 집에 들어서자마자 때리기 시작했다. 큰언니와 형부, 자매의 어머니가 욕하면서 때린다. 내가 아무것도 모르는 어린 자매를 선교를 미끼로 유혹해서 선생님을 시켜 그 돈으로 신학대학원(신대원)을 졸업하려고 한다는 것이었다. 당시 자매는 초등교원 임용고시에 합격하고 발령을 기다리고 있는 중이었다.

내가 억울하게 맞는 건 참을 수 있었지만 자매를 때리는 건 용납할 수 없었다. 내가 가겠으니 때리지 말라고 하고 그 집에서 나왔다. 정말 참을 수 없었다. 자매와 헤어져야겠다는 생각이 들었다. 그러나 인생은 나의 뜻대로 되지 않는다. 하나님은 며칠 후 자매가 집을 나오게 될 것이라고 말씀하신다.

'그러면 어떻게 해야 하나요?'

결국 자매는 주민등록을 말소당하고 쫓겨나듯이 집을 나왔다. 자기를 찾지 말란다. 나는 자매를 설득해서 신대원에 다니는 한 친구의 집에 가 있게 하였다. 하지만 그 집에도 오래 있을 수는 없었다.

'왜 늘 이런 식일까….'

광주 공동생활 집에 자매 식구들이 찾아 와서 "김길이 나쁜 놈"이라고 난리란다. 간사들도 나를 철없게 본다. 지부장이던 형석이 형은 자신도 처가의 반대를 무릅쓰고 결혼을 해서인지 유일하게 나를 이해해준다. 하지만 너무 힘들고 두렵다.

'나 혼자도 힘든데… 내 인생에 보호라는 건 정말 없구나.'

아무도 없는 버려진 기도원에서 나는 3일 동안 금식을 했다. 금식 첫날, 하나님은 아무런 말씀이 없으셨다. 난 계속 질문하고 있었다.

'왜 이런 일이 생기는 겁니까? 제가 무엇을 잘못했습니까?'

배만 고프고 기도가 잘 안 된다. 역시 난 금식 체질이 아니다. 그러나 어느 때보다 응답이 절실하다.

둘째 날 하나님이 말씀하신다.

'길아, 나는 네가 내 뜻과 상관없이 네 인생을 계획하는 것이 슬펐다.'

눈물이 난다.

'그렇구나. 하나님은 그런 것을 슬퍼하시는구나….'

세밀하신 간섭

본래 난 간사를 3년간 하기로 하나님과 약속했다. 그런데 신입간사 교육을 받을 때 하나님은 내게 신대원 시험을 보라고 말씀하셨다. 결혼하는 데 도움이 될 거라고…. 난 하나님이 그렇게 현실적이신지 몰랐다.

신대원 시험을 준비하는 사람들의 철학 스터디를 도왔다. 스터디를 도왔던 사람들이 내 원서를 대신 내주고, 원서 마감 날 아침에 4만 원 가량의 접수비가 헌금으로 들어왔다. 지금도 누가 헌금한 것인지 모른다. 분명 신대원 접수비가 정확한 것으로 보아 내 사정을 아는 사람인 것 같았다.

그렇게 접수하고 시험을 치렀는데 총신대 신대원에 합격을 했다. 1년간은 간사 생활을 하려고 신대원에 입학한 지 일주일 만에 휴학을 했다. 자매는 교사 발령을 기다리고 있었다. 잠시나마 행복한 시간이었다. 나는 1년만 지나면 신대원에 복학해서 전도사라는 타이틀을 갖게 되는 것이고, 자매는 앞으로 하게 될 교직 생활을 생각하며 즐거워했다.

그러나 하나님은 다른 계획을 가지고 계셨다. 나는 그렇게까지 하나님이 인생을 세밀하게 간섭하시는 줄 몰랐다. 내가 좋아하는 것을 하나님도 좋아하실 줄 알았는데….

하나님은 신대원에 복학하지 말고 계속 간사를 하라고 말씀하셨다. 광주에서는 간사를 하기가 힘들어 서울로 가서 좋은 리더들, 나보다 나이 많은 리더들 밑에서 배우고 싶다는 생각이 들었다. 하나님은 그것도 귀하지만 나의 필요가 아니라 몸(예수전도단)의 필요를 먼저 보고 섬기면 어떻겠냐고 말씀하신다.

대전 대학사역팀으로 가라고 말씀하신다. 그런데 그쪽에서 아직 사역을 키울 마음이 없다고 하며 받아주지 않는다.

'그럼, 어떻게 해야 하나….'

서울 대학사역팀에서 오라고 해서 자매도 교사 발령을 포기하고, 본부사무실에서 간사로 섬기게 되었다.

하나님은 계속해서 말씀하셨다.

'화(禍)가 변하여 복(福)이 될 것이다.'

그러나 화는 너무 가깝고 복은 멀었다. 매우 어려운 상황이었지만 나는 자매에게 별로 미안해하지 않았다.

"우리가 훈련받으면서 주를 위하여 죽기로 하지 않았느냐. 우리는 이미 죽은 것이다. 너와 나는 예수님의 일을 위하여 동지적으로 만난 것이다. 결혼 후에도 나는 열방을 위해 죽을 테니 너는 가정을 지켜라."

이런 식이었다.

간사로 잠깐 섬긴 자매는 나중에 분당의 한 초등학교 교사로 발령을 받아 일하며 2년여 동안 친정집으로 월급을 보냈다. 나는 나중에 더 많은 요구가 있고 힘들어질 것이라고 교사 발령을 반대했다. 하지만 자매 집에서는 자매가 교사 발령만 받으면 교제를 허락해준다고 말했고, 자매는 어머니와 가족들에게 돈을 보내고 싶어 했다.

1997년 12월에 우리는 결혼을 했다. 결혼식에 아내의 식구들은 아무도 오지 않았다. 아이 둘을 낳는 동안에도 시댁이나 친정에서 아무도 오지 않았다. 우리는 그렇게 고립되어 있었다. 문제를 적절히 풀기에는 둘 다 어렸고, 사명은 심각했다.

결혼하고 나서 우리는 신혼여행을 양평의 한 콘도에서 이틀 자는 것으로 대신했다. 혼수는 안양시장에서 산 이불과 텔레비전이 전부였다. 용산전자상가에서 25인치 텔레비전을 사서 아내와 둘이 들고 왔다. 인덕원역에서 택시를 타려고 했으나 짐이 커서 태워주지 않았다. 결국 둘이서 들고 의왕의 공동생활하는 집으로 왔다.

아내가 첫아이를 임신하자 의왕의 공동생활 집에서 분당의 오리초등학교까지 출퇴근하는 것이 힘들어졌다. 의왕시에서 버스를 타고 양재까지 가서 지하철을 타고 분당 끝까지 가는데 두 시간이나 걸렸다. 임신 중인 아내는 자꾸 하혈을 했다. 그래서 학교 가까운 곳으로 이사를 가려고 아내가 집으로 월급을 다 보내지 못하고 일부만 보내겠다고 했다. 그랬더니 친정집에서 난리가 났다. 보너스까지 다 보내라는 것이다. 결국 아이를 잃을 수 없었기에 아내는 교사직을 포기해야 했다.

떠나라

2000년 11월 1일, 첫아이 성식이가 두 돌이 되던 날이었다. 아침에 간단하게 생일 케이크를 자르고 우리는 이삿짐을 날랐다. 공동생활 집을 나오기 위해…. 동료 간사들이 이삿짐 나르는 것을 도와주었다. 짐이라야 이불과 텔레비전 한 대 그리고 두 돌 된 아들과 그해 3월에 태어난 딸의 옷가지가 전부였다.

희곤이 형(문희곤 목사, 전 예전단 대표)이 걱정스럽게 묻는다.

"길아, 나가서 어떻게 살려고 그래?"

나도 걱정이다. 딱히 방법이 있는 건 아니다.

가장 큰 걱정은 내가 거룩할 수 있을까 하는 것이다. 대학생 때 예수전도단에 들어와서 5년 넘게 간사로 일했다. 사실 선교단체 간사를 그만두는 것은 생각보다 어렵다. 월급을 받지 않고 자비량으로 산다 해도 단체의 보호가 있는 것과 혼자 있는 것은 차이가 있다. 난 그렇게 거룩한 사람이 아니다. 그런데 선교단체에서 훈련받고 간사 생활을 하면서 겨우 거룩함이 주는 자유가 무엇인지 알고 누리게 되었는데 나가서도 여전히 거룩할 수 있을지 걱정이다.

먹고 사는 것도 걱정이다. 선교단체 간사들은 돈이 없는 걸 뻔히 알기 때문에 서로를 불쌍히 여긴다. 그리고 적은 돈도 귀하게 여기고 헌금해준다. 차비가 없으면 서로 당연하게 말한다.

"혹시 재정 있어? 플로잉(flowing 나눔) 좀 해줘."

이렇게 말하는 게 어려운 일이 아니다. 서로의 형편을 아니까. 그러나 나가면 누구에게 말한단 말인가. 서울에서 아는 사람이라고는 선교단체 간사들밖에 없는데….

격렬한 마음 가운데 하나님이 조용히 물으신다.

'길아, 지난 5년 넘게 너를 먹여 살린 게 예수전도단이냐 나냐?'

'하나님이십니다.'

'그래. 그럼 내가 너를 먹여 살릴 수 있으니 나가라!'

스물한 살 이후로 하나님이 주신 마음을 따라 살아왔다. 이제 와서 거부할 수는 없다. 세상이 다 없어져도 하나님의 인도하심만 있으면 된다. 순종해야 한다.

'나가서 무엇을 할까?'

'예수전도단에서는 인정받는 간사였지만 나가서도 인정받고 기름부음 있게 사역할 수 있을까?'

'나의 기름부음은 내 것이 아니라 예전단 것이 아닐까? 나가서는 평범한 사람이 되고 마는 건 아닐까?'

여러 걱정이 있었지만 하나님의 뜻은 분명했다. 예전단을 떠나서 교회를 개척하는 삶, 그것이 부르심이었다.

나는 그렇게 서른세 살에 전직 예전단 간사로 아무런 신분 보장 없이, 아내와 분유 먹는 아이 둘을 데리고 전 재산인 이불과 텔레비전을 들고 공동생활 집을 나왔다.

먹여 살리시는 하나님

아내는 반지하가 아니고 도시가스일 것, 이 두 가지를 집을 얻는 조건으로 제시했다. 1500만 원에 그런 집은 구할 수 없었다. 공동생활 집 근처인 의왕시에는 그런 집이 아예 없었다. 수원 율전동 근처에 집을 얻었다.

"여보, 도시가스는 12월 전에 해준대. 그리고 지대가 높아서 반지하같지 않아."

아내와 집을 보고 이사를 했다. 반지하였고, 냉장고가 없어 반찬을 그날그날 만들어 먹고, 세탁기가 없어서 아이들 빨래가 화장실에 산더미 같았지만 우리만의 집이 생겼다는 사실에 감격했다. 결혼하고부터 공동생활만 했기 때문에 우리 가족끼리만 지내는 것이 좋았다. 하지만 먹이고 입히시는 하나님의 손길이 11월과 12월, 두 달 동안 감감 무소식이었다. 쌀이 떨어지고 있었다. 속으로 하나님께 말하고 있었다.

'하나님, 분유가 떨어지면 하나님을 따라가기 어려울 것 같습니다. 제 부모가 저를 책임져주지 않아서 제가 얼마나 힘들었는지 아실 겁니다. 저는 제 자식도 책임 못 지는 그런 부모가 될 수는 없습니다. 분유가 떨어지면 저는 뭐든지 할 겁니다.'

다행히 분유는 떨어지지 않았다. 그러나 쌀이 떨어졌다. 마지막 쌀로 밥을 했다.

'여기서 울면 안 된다. 내가 울면 아내는 어떨 것인가…'

눈물을 참았다.

'이렇게까지 살지 않아도 되는데….'

이런 생각이 들자 얼른 떨쳐내며 기도한다.

"하나님, 우리에게 먹을 것을 주셔서 감사합니다."

기도하는 목소리가 떨린다.

이튿날 교회에 갔다. 목사님이 부르신다.

"김길 간사님, 혹시 쌀 필요하지 않으세요? 교회에 쌀이 한 가마니가 남아서 그럽니다."

"아… 예, 쌀 필요합니다."

체면 차릴 상황이 아닐뿐더러 그런 감정이 사라진 지 오래다. 나의 절실함이 목사님에게도 보였는지 한 집사님의 차로 쌀을 실어서 보내주신다.

어느 날 오징어를 통째로 삶아서 동그랗게 잘라 초장에 찍어

먹고 싶다고 아내에게 이야기했더니 웃는다. 아내가 조용히 나간다. 오후 5시쯤 밖에서 흥분한 아내의 목소리가 들린다. 나가보니 손에 하얀 봉지가 들려 있다.

"여보, 오징어가 당첨됐어요!"

집 앞 할인마트는 구매액 5000원 단위로 쿠폰을 한 개씩 준다. 오후에 쿠폰 추첨을 하는데 아내가 당첨되어 그날의 상품인 오징어 다섯 마리를 받은 것이다. 냉장고가 없어 아내가 요리한 오징어를 그날 다 먹어야 했다.

하루는 할렐루야교회에 강의를 하러 갔다. 강사라고 과일을 내온다. 아내가 생각난다. 장모님이 과일 장사를 하셔서 과일의 상한 부분을 도려내고 먹고 자라서인지 밥보다 과일을 더 좋아한다. 아내에게 미안한 마음이 들어 전화를 한다.

"여보, 집에 만 원은 있지? 그걸로 과일 사먹어요."

아내는 사먹지 않을 것이다. 나나 아내나 대책 없는 것을 제일 싫어한다. 대책 없이 사는 것은 하나님의 뜻 때문이지 우리 기질은 절대로 아니다. 어렵게 자란 사람들이 얼마나 자신의 삶에 치밀하고 계획적인가. 아내는 알겠다고 대답했지만 과일을 사지 않을 것이다. 5시에 아내에게서 연락이 왔다. 흥분된 목소리다.

"여보, 수박이 당첨됐어요!"

17000원짜리 수박이란다. 도저히 돈 주고는 못 사먹는 수박이다. 난 아내보다 더 흥분했다. 강의를 끝내고 오니 수박은 이미 다 먹고 껍질만 있다. 그래도 내가 먹은 것만큼이나 행복하다.

추석 연휴 당첨이 절정이었다. 연휴 첫날 아내는 산적이나 동태전을 만든다. 나는 아이들과 같이 있었다. 아내가 잠깐 나갔다 오겠다고 한다. 얼마 후 갑자기 문이 열리더니 무언가 우수수 떨어진다. 나가보니 라면 한 박스, 포도 한 박스, 배 한 상자, 케이크, 조기 몇 마리, 소고기, 화장지 한 박스였다.

배달원에게 이게 다 뭐냐고 물었더니 당첨되었단다. 슈퍼마켓에서 추석 연휴 첫날이 주민등록상으로 생일인 사람은 나오라고 했는데 아내가 당첨되었다고 한다. 큰 박스에 포도가 가득했는데 그다지 싱싱하지 않아서 추석 내내 포도만 먹어야 했다. 포도로 배부르기는 그때가 처음이자 마지막이었다.

아버지가 되어가다

예전단을 나오고 얼마 후였다. 큰아이 성식이가 열이 많이 났다. 자꾸 칭얼대고 약을 먹지 않았다. 아버지로서 준비되지 않은 나는 아들에게 화를 냈다. 그날 저녁 아들은 처음으로 경련을 일으켰다. 열이 오르더니 결국 정신을 잃고 말았다. 구급차를 불러 수원의료원으로 갔다. 처음 겪는 일이라 어떻게 해야 할지 몰랐다. 은행 잔고를 확인해보니 다행히 돈이 있었다. 잔고를 확인하고 오면서 나는 외롭고 두려웠다. 아들의 열성경련이 내가 화내서 생긴 것 같다는 자책감이 몰려온다.

아들은 태어나면서부터 2년 동안 새벽마다 울었다. 보통은 백일이 지나면 좋아진다고 하는데 아들은 그렇지 않았다. 새벽마다 1시부터 3시 정도까지 울었다. 지금 생각하면 수면장애가 아니었나 싶은데 우리는 무식했다. 교육학을 배우고 심리학을 배우면 뭘하나, 부모가 될 준비가 전혀 없었는데…. 아들의 뇌가 예민하다는 것을 느꼈어야 했는데 소아과 의사가 괜찮다니 그런 줄만 알았다.

아들은 그 후로 열이 있으면 경련을 했다. 열이 최고로 올랐을 때만 아니라 열이 나면 아무 때나 경련을 하는 것이 가장 무서웠다. 어린이날 가족들과 놀러갔다 오는 길에 아들은 버스에서 갑자기 경련을 일으켰다. 옆에 앉아서 잘 놀다가 갑자기 쓰러졌다. 한밤중에도 열만 있으면 언제 쓰러질지 모르는 상황이었다. 구급차를 부르고 응급실로 가는 일이 잦아졌다.

아내와 나는 아들이 열만 나면 밤새 옆에서 번갈아가면서 대기했다. 보통 열이 나면 해열제를 먹인다. 그러나 약을 먹어도 열이 떨어지지 않는 경우는 심각하다. 미지근한 물로 아이의 몸을 씻어주면 좋을까 싶어 해주면 아이는 오한이 나는지 떨며 경련을 일으키곤 했다.

'아! 어떻게 해야 하나….'

큰 병원에 가서 뇌파 검사와 MRI를 찍고 처방을 받기로 했다. 아들은 수면제를 먹고 자고 있다. 나는 밖에서 기도하고 아내가 잠깐 화장실에 간 사이에 검사실에서 들어오란다. 나는 아이를 안고 MRI를 찍으러 들어갔다. 아이는 자고 있고, 기계는 불안한 소리를 낸다. 둥그런 기계 안에서 아들은 아무것도 모른 채 자고 있다.

하나님 아버지의 마음을 느낀다. 아들을 잃으신 하나님의 마음을⋯. 난 마음이 찢어지면서 아버지가 되어간다. 아들은 큰 이상은 없고 뇌가 좀 예민하다고 한다. 2년간 열성경련 약을 먹기로 했다.

아이가 열이 나는 밤이면 밤새 간호하는 것에 익숙해졌다. 하지만 여전히 경련을 일으키면 두려워서 나의 모든 생각이 마비된다. 아들이 쓰러지면 입에 손가락을 물리고 아이의 이름을 다급하게 부른다. 딸은 울면서 일어나고 아내와 나는 정신없이 구급차를 탄다. 더 이상 이런 일을 반복하기 싫다. 나중에는 온 식구가 아예 병원 응급실에 가서 살았다.

하나님께서 꼭 하실 거야

아들의 말이 느리다. 또래 아이들과 놀지 못해서 그런가 싶어 아이를 동네 미술보습학원에 보냈다. 선생님의 말이 아이가 이상하단다. 자리에 앉아 있지 못한다는 것이다. 검사를 받아보라고 한다. 점점 불안해진다. 아내가 수원 남문 근처 소아신경정신과에 아들을 데리고 갔다. 난 딸과 밖에서 기다리고 있었다.

'단순히 말이 늦는 것이라고 생각했는데 무슨 문제라도 있는 걸까?'

불안함에 가슴이 타는 것 같다. 아들은 장애와 비장애의 경계선에 있다는 판정을 받았다. 지능지수가 50이 되지 않는단다.

'그럴 리가… 가르치지도 않은 한글을 스스로 깨우쳤고, 소아과에서 여러 번 물었을 때 의사가 괜찮다고 했는데….'

자책감이 몰려온다. 아이를 돌보면서 텔레비전을 틀어놓고 무심하게 놔두었던 것, 돌이 지나면 아이를 가르쳐야 한다고 매를 들고 가르쳤던 것, 이 모든 것이 내 실수라는 생각이 들었다.

아들이 새벽마다 일어나서 혼잣말을 하면서 돌아다닌다. 나는 새벽에 아이의 혼잣말을 들으면서 하루를 시작한다. 6개월 정도 소아신경정신과에 다니면서 약물치료와 놀이치료를 병행했다. 약물치료는 무서웠다. 사람의 뇌를 고치는 약이 있다니…. 약을 먹으면 아이가 매우 우울해했다.

결국 의사는 약물치료 대신 아동발달센터로 가서 치료할 것을 권면했다. 몇 군데 아동발달센터를 알아보다가 결국 영통 쪽에 있는 한 치료센터에 다니기로 했다. 우리는 아이의 상태를 받아들여야 했다. 아들은 문제가 있는 것이다.

아들은 버스를 좋아한다. 모든 버스 번호를 외우고 버스 탈 때는 조용해진다. 자주 버스를 타고 싶어 한다. 나는 아이가 좋아하는 버스를 같이 타기 시작했다. 보통 오전 10시에서 저녁 8시까지 탔다. 아들이 크면서는 밤 10시까지 버스를 탔다.

어느 날 버스를 타자마자 아들이 울면서 말한다.

"아빠, 애들이 나 바보라고 같이 안 놀아줘."

가슴이 타는 듯 하고 눈물이 쏟아지려고 한다. 마음을 가다듬고 아들에게 유쾌하게 말한다.

"아빠가 기도했는데 너는 사람들에게 인정받고 유명해질 거래. 아빠는 하나님이 주신 마음을 믿는다. 너도 믿어야 해. 믿니?"

아들은 믿는다고 대답한다.

"애들이 그런 말 한다고 용기를 잃으면 안 돼. 알았지? 하나님께서 꼭 하실 거야. 용기 낼 거지?"

아들은 용기를 내겠다고 한다. 나중에 아내에게 들으니 아들이 용기가 뭐냐고 물어보았단다.

일주일에 한 번 정도 아들과 버스를 탄다. 지방에 강의를 하러 갔다가 새벽에 밤기차를 타고 돌아오면 아침에 아이가 내 얼굴을 내려다보고 있다. 버스 타러 가는 날이라고. 아들과 나가서 하루 종일 버스를 탄다. 수원에서 출발해서 서울을 거쳐, 인천, 구리, 용인, 성남, 평택 등 경기도 일대를 버스를 타고 다닌다.

아들은 늘 새로운 일정표를 짜놓는다. 나중에는 인터넷을 검색해서 버스 번호를 확인하고 노선을 정리해서 일정을 정한다. 누군가의 필요를 따라서 하루 종일 버스를 타는 것은 쉬운 일이 아니다. 그러나 나는 아들에게 최선을 다하고 싶다. 아들은 버스 타는 동안에 나와 친구가 된다. 우리는 이런 저런 이야기를 하며 즐거워한다. 아들과 어깨동무를 하고 간식을 먹으면서 기쁘게 돌아다닌다.

내 아들이다

난 아들을 위해 기도한다. 잠시도 기도를 쉴 수 없다. 기도하지 않으면 마음이 불안해진다. 아들을 위해 깊이, 쉬지 않고 기도한다. 새벽이나 낮이나 깨어 있을 때나 돌아다닐 때나 나의 마음에는 온통 아들뿐이다. 심지어 교회에 가서 강의를 마치고 기도를 할 때, 조금이라도 은혜가 있으면 나는 아들을 위해 기도한다.

'하나님, 제 아들을 불쌍히 여겨주십시오. 아니, 저를 불쌍히 여겨주십시오.'

하나님께 매달린다. 기도만 하면 마음에 한 장면이 떠오른다. 내가 아들을 안고 하나님 앞에 서 있다. 난 하나님께 사정한다.

'하나님, 제 아들입니다. 제 얼굴 봐서 아들을 한 번만 고쳐주십시오.'

나는 더 간절히 사정한다.

'제 얼굴 봐서 아들을 한 번만 만져주십시오.'

하나님이 조용히 생각을 주신다.

'길아, 네 아들은 건강하다.'

그 말을 들으면 마음의 쉼을 얻는다. 그러나 아이는 쉽게 건강해지지 않는다. 여전히 불안하고 정상적으로 대화가 되지 않는다. 난 불안하고 어려운 마음으로 하나님 앞에 나아간다. 새벽이나 밤낮 없이 하나님 앞에서 기도한다.

어느 날, 하나님은 조용히 그러나 단호하게 마음을 주신다.

'길아, 내 아들이다.'

순간 부드러운 깨달음이 온다.

'아… 그렇구나. 성식이는 내 아들만이 아니고 하나님의 아들이구나. 나보다 하나님께서 더 신경 쓰고 계시는구나.'

그래도 기도를 멈추지 않는다. 날마다 불안함과 믿음 사이를 오가며 계속 기도한다. 기도하지 않고는 살 수 없다. 하나님은 약속하신다.

'네 아들은 건강하다.'

어느 날 용기를 내서 물어보았다.

'하나님! 하나님 보시기에 아픈 사람이 있을까요? 혹시 하나님 보시기에는 모든 사람이 다 건강한 것 아닐까요? 하나님께서

건강하다고 하시는 것이 제가 건강하다고 생각하는 것과 같은 개념일까요?'

하나님은 세밀하게 약속하신다. 아들의 뇌를 만질 것이며, 앞으로 아들이 어떻게 될 것인지 말씀하신다. 정확하게 받은 마음인지 잘 모르겠다. '내가 아들에게 매어서 기도하기 때문에 하나님의 뜻을 내가 원하는 것으로 왜곡하지 않았을까' 하는 마음이 들기도 한다.

어느 날 저녁 강의를 하고 집에 늦게 왔는데 아내의 표정이 심상치 않다. 아내가 울기 시작한다.

"성식이가 좋아질 것 같지 않아요."

아동발달센터에 가보았더니 성식이 같은 아이들이 너무 많다는 것이다. 아이가 단순히 말이 늦거나 늦자라는 것이 아니라 센터에 있는 아이들처럼 평생 문제를 안고 살 것 같다며 운다. 아내는 한 달 전부터 그런 생각이 들어서 고민하고 있었는데 내색하지 못했다고 한다. 아내가 내 앞에서 운다. 무섭다. 나는 전부터 이런 날이 올까봐 무서웠다.

아내는 아이들이나 집안 문제에 있어서는 나보다 더 강한 사람이다. 아들이 고열로 힘들어 할 때도 아내가 주로 일을 처리하고 나는 조수로서 옆에서 도울 뿐이었다. 물론 영적인 부분이나 결정적인 선택은 내가 하기도 했지만, 아들 문제에 있어서는 아내가 주도적이었고 나는 옆에서 돕는 편이었다.

아내는 강했다. 그동안 한 번도 힘들다고 말한 적이 없다. 아내는 거의 연년생으로 아이 둘을 낳았다. 큰아이를 낳은 후 7개월 만에 둘째를 가지게 되었다. 큰아이를 낳을 때는 아내 옆에 나 혼자 있었고, 둘째를 낳을 때는 아내와 아들 그리고 나, 셋이 병실에 있었다. 아내는 양가에서 아무도 도와주지 않아도 혼자서 씩씩하게 아이들을 길렀다. 나는 속으로 그런 아내를 많이 의지하고 있었다.

그랬던 아내가 절망감 가운데 울고 있다. 나도 울고 싶다. 절망감이 몰려온다. 정말 울고 싶다. 그러나 울고 나서가 걱정이다. 그 다음을 어떻게 감당한단 말인가. 이렇게 무너지면 그 다음에 남은 것은 무엇일까. 아들은 좋아지지 않고, 아내는 우울증이 오고, 난 이 모든 것을 책임져야 하는 상황이 된다면 어떻게 살 수 있을까… 나는 무슨 말이든 해야 했다. 목에서 말이 올라오지 않았지만, 말을 끄집어냈다.

"여보! 내가 하나님께 기도했는데 하나님이 성식이의 뇌를 만지시고, 앞으로 성식이가 좋아질 거라고 하셨어요."

진정 나는 믿음으로 말했다. 무슨 근거가 있어서 한 말이 아니었다. 어떤 말이든 해야 했다. 뜻밖에 아내는 내 말을 듣고 무척 기뻐한다.

"정말 하나님께서 그렇게 말씀하셨어요?"

"응!"

그런 아내에게 확신이 없다고 말할 수는 없었다. 받은 마음을 나누었더니 아내가 진정되는 듯하다.

"여보, 이리 와요."

나는 아내를 안고 기도한다.

"하나님, 우리 아들을 고쳐주시겠다고 하셔서 감사합니다. 우리에게 약속하신 것을 꼭 지켜주십시오."

아내는 절망이 아니라 소망의 눈물을 흘린다. 그리고 평안하게 잠을 잔다. 나는 잠이 오지 않는다.

'아, 상황은 수습했지만 아들이 계속 안 좋으면 아내는 또 어떻게 될까…'

하나님 앞에 나아가서 매달린다.

'하나님, 약속을 지켜주셔야 합니다. 제발 도와주십시오.'

아들은 하나님의 약속대로 좋아지고 있었다.

어느 날부턴가 불안한 마음이 사라졌다. 내가 게을러져서 그런가 하는 자책감이 올라온다. 이제는 가난한 마음으로 기도하는 것이 아닌가 싶지만 분명 불안하고 어려운 마음이 사라짐을 느낀다. 하나님께서 내 마음을 만지시고, 바늘로 심장을 찌르는 것 같은 고통을 거두어가신다는 생각이 든다. 아들을 위해 기도할 때마다 나의 지난 삶이 지나간다.

'아, 지금까지도 어려웠는데 정말 최고로 어렵구나. 그래도 하나님은 모든 어려움에서 지금까지 나를 건져내셨는데, 이번에는 건져내지 않으실 것인가?'

믿음과 불안함이 교차한다. 나의 하나님은 삶의 깊은 고난에서 날 건져내신 분이다. 고난은 나로 하여금 하나님의 뜻대로 살게 했다. 많은 고난을 거치면서 가장 크게 배운 것은 고난이 올 때마다 하나님 앞에 납작 엎드려 하나님의 뜻을 구하고 그에 순종하고자 했던 태도였다. 삶의 깊은 고난에서 하나님께 순종하는 것 외에는 방법이 없다. 고난이 올 때마다 난 깊이 회개하면서 하나님께로 돌아갔다. 고난은 힘들었지만 순종을 배우게 하고 온전하게 만들어주었다.

고난의 이유

고난이 오면 가장 먼저 "왜 나에게 이런 일이 생겼을까?" 하는 의문이 생긴다. 고난의 이유를 찾는 것이다. 하지만 이런 질문은 고난을 이기는 데 아무런 도움이 되지 않는다. 고난이 오면 마음이 어려운 상태라서 생각이 온전하기 힘들다. 그런 상황에서 일어난 생각은 대부분 마음을 낙담되게 하고 믿음이 없어지게 한다.

욥기의 중요한 주제는 욥이 당한 고난의 원인이다. 욥의 세 친구는 고난의 원인이 욥의 죄에 있다고 생각했다. 세 친구는 욥에게 죄를 회개하면 좋아질 것이라고 충고한다. 그러나 욥은 자신의 의로움을 항변한다. 하나님을 만나서 알아보겠다는 것이다. 욥의 세 친구는 결국 회개해야 했다. 물론 욥도 회개해야 했다.

고난의 원인이 나의 죄라고 여기면 생각이 비뚤어진다. 무엇보다 하나님을 향해 두려움을 갖게 된다. 나의 죄 때문에 하나님께서 이런 고난을 보냈다는 것이다. 따라서 하나님은 나의 죄를 세고 계신 분이고, 그 죄에 합당하게 고난을 주어 나를 심판하시는 분으로 아는 것이다.

고난이 올 때 그 원인을 찾지 말아야 하는 이유는 보통 그 고난의 이유가 무엇인지 잘 모르기 때문이다. 정확한 이유를 모른 채 하나님을 원망할 수 있다. 욥의 부인이 그런 전형적인 예를 보여준다. 욥이 고난받고 있을 때 욥의 부인은 이렇게 말했다.

> 욥이 재 가운데 앉아서 질그릇 조각을 가져다가 몸을 긁고 있더니 그의 아내가 그에게 이르되 당신이 그래도 자기의 온전함을 굳게 지키느냐 하나님을 욕하고 죽으라 욥 2:8,9

보통 우리는 고난이 오면 그 원인을 찾다가, 찾지 못하면 하나님을 향해 원망을 한다. 하나님이 고난을 주셨거나 적어도 막아주지 않았다고 생각한다. 이러한 하나님을 향한 원망은 진정한 환란으로 가는 지름길이다. 상황을 최악으로 몰고 간다. 내 믿음이 없어지고 원수가 승리하기 때문이다. 욥이 고난을 멈추게 하려면 믿음을 보여서 원수가 물러가게 해야 한다.

고난은 멀쩡한 사람도 욥의 부인처럼 만든다. 고난이 올 때 넉넉히 이기는 사람을 잘 보지 못했다. 누구나 고난은 어렵다. 고난을 많이 겪은 사람일수록 더 어려운 법이다. 왜냐하면 고난의 작은 모습만 보아도 그 고난이 장차 자기를 어떻게 괴롭힐지 알기 때문이다. 누구도 고난에는 익숙해지지 않는다. 예수님도 고난받으실 때 심한 통곡과 눈물을 흘리셨다고 히브리서는 말한다. 예수님도 겪기 힘드신 고난을 어찌 우리가 아무 일 아닌 것처럼 이길 수 있겠는가….

고난은 잘 통과해야 한다기보다는 인내로 버텨야 하는 것이다. 고난이 오면 아무도 도와주지 않는다. 정말로 깊은 고난에 빠지면 가족을 비롯해 누구도 나를 도울 수 없다. 하나님 앞에 혼자일 뿐이다. 고난이 올 때 주변 사람들과 관계가 어려워지는 사람이 있다. 사람을 의지하다가 실망해서 그렇다.

오직 나를 고난에서 건질 수 있는 분이 하나님 한 분인줄 알고 그분 앞으로 나아가야 한다. 유일하게 나를 도울 수 있는 분이 하나님인데 내 마음이 강퍅해져 있으면 기도도 나오지 않고 원망만

나오게 된다. 마음이 원망으로 가득하니 믿음이 있을 리 없고, 믿음이 없으니 역사가 일어날 리 없다. 모든 일은 우리의 믿음대로 되기 때문이다. 따라서 원수가 가장 좋아하는 것은 우리가 원망하는 것이다. 원망함으로써 믿음이 없어지고 고난은 해결되지 않고, 우리는 사망을 향해 가게 된다.

고난이 올수록 정신을 차려야 한다. 하나님 앞에서 원망은 절대 안 된다. 호소해야 한다. 어려울 때는 원망하는 것이 아니라 호소하는 것이다. 고난 속에서 우리는 마음을 가난하게 해야 한다. '하나님 살아계시다면 왜 이런 일이 생기나요?' 하고 섣불리 묻지 말라. 겸손하게 허리를 숙이고 호소해야 한다. 이 고난에서 벗어나도록 믿음을 보여야 한다.

우리는 고난의 이유를 다 알지 못한다. 단지 그 고난을 통해 배워야 할 것이 있음을 알 뿐이다. 이것이 가장 빠르게 고난을 이기는 방법이다. 엄청난 고난의 한가운데 있을 때는 아무 생각도 나지 않고 기도도 되지 않는다. 그래서 평상시 작은 고난이 왔을 때 잘 훈련해야 한다. 이유를 묻지 말고, 원망하지 말고, 겸손하게 하나님께 호소하고 배울 것을 배워야 한다.

고난당한 것이 내게 유익이라 이로 말미암아 내가 주의 율례들을 배우게 되었나이다 시 119:71

모든 사람이 인생은 힘들다고 이야기한다. 인생이 뭐가 재미있기만 하겠는가. 어차피 인생은 고생이다. 그런 면에서 예수 믿는 사람은 복되다. 고난을 통하여 배우는 것이 있기 때문이다. 보통 사람들에게 고난은 재수 없는 것이다. 예수님과 친해지려면 예수님의 핵심 정서를 이해해야 한다. 예수님의 정서의 핵심은 '십자가'이다. 그렇다면 우리가 십자가 고난을 이해할 때 조금이나마 예수님의 심정을 이해할 수 있다. 우리는 고난을 통하여 고난받으신 예수님을 깊이 알게 된다. 이것이 얼마나 큰 복인가!

삶을 만지시다

훈련을 받아들이고 통과하면
전보다 더 영향력 있는 사람이 된다.
하나님은 우리가 관계의 한계를 넘어서서
영향력을 미치는 사람이 되게 하시려고
우리를 훈련시키신다.
하나님이 행하시는 훈련은 한편으로는
죄와 치열하게 싸워 승리하게 하는 것이며,
또 한편으로는 하나님의 일꾼으로 준비되는 것이다.

4장
거룩을 지키다

곤고한 사람

예수님을 인격적으로 만나기 전에는 내 안에 죄가 있는 것이
당연했다. '나는 완전한 인간으로 살고 싶은 것이 아니라 죄가 있
는 인간으로 살고 싶다'는 생각도 있었다. 인간은 죄를 지을 수밖
에 없다고 생각했다. 그러나 예수님을 인격적으로 만나고 은혜를
경험하면서 죄는 나에게 견딜 수 없는 고통을 가져다주었다. 죄로
인해 눈물로 기도하는 날들이 많아졌다. 죄는 잘 다스려지지 않았
다. 은혜가 있는데 죄가 함께 있으니 더욱 괴로운 일이었다.

나의 대표적인 죄는 음란함이었다. 새벽에 기도하면 주님이
곧 오실 것 같은 은혜가 임한다. 그러나 아침에 버스를 타고 학교

에 가는 길부터 난 유혹에 시달린다. 버스에 탄 여자들의 샴푸 냄새가 마음을 흔든다. 얼른 도서관에 가서 성경을 읽고 마음을 잡고자 하지만 이미 마음은 유혹으로 흔들려 있는 상태다. 그런 날일수록 예쁜 자매들이 옷을 짧게 입고 도서관에 앉아 있다. 성경이 눈에 들어오지 않는다. 볼펜이 바닥으로 떨어진다.

'이런….'

성적인 유혹이 들어오면 그날은 하루 종일 쉽지 않다. 은혜가 있기 때문에 말할 수 없이 괴롭다. '살 수 없다'는 것이 정답이다. 죄에 대한 고통으로 정말 살 수가 없다. 후에 영적으로 훌륭한 분들은 다 자신의 죄에 대한 고통, 죄로 인한 시련이 있었다는 것을 알게 되었다. 종교 개혁가 마르틴 루터도 자신의 죄를 어떻게 해결할 것인가 하는 문제로 고민하다 오직 믿음으로 구원을 얻는다는 것을 발견하게 된 것이 아닌가.

군대를 전역하고 나오니 대학가 곳곳에 비디오방이 생긴 것을 보았지만 나는 가지 않았다. 비디오를 보는 것은 미제국주의 문화를 여과 없이 받아들이는 것이라 생각했기 때문이다.

어느 날인가 학과 수업 중에 팀을 이루어 발제를 했는데 무사히 마친 후 뒤풀이로 모두 비디오방에 가서 영화를 보게 되었다. 비디오방이 그렇게 나쁜 곳이 아니라는 생각이 들었다. 그 후에 나는 홍콩 느와르 영화를 좋아해서 주윤발이 나오는 영화를 보러 비디오방에 혼자 갔다. 그런데 내 발은 주윤발이 아니라 소위 '빨간 비디오'로 가고 있었다. 잠깐이라도 그런 비디오를 보고 나면 말할 수 없이 괴로웠다. 정죄감에서 헤어나오기 어려웠다. 이중적인 삶이 시작된 것이다.

토요일과 주일에 나는 거룩한 청년이었다. 그러나 가끔 비디오를 보고 있는 모습은 도저히 주일의 내 모습과 연결되지 않았다. 나는 두려웠다. 하나님께서 나를 심판하실 것이 두려웠고, 다른 사람들이 내가 비디오를 보는 것을 알게 될까봐 두려웠다. 죄를 짓고 나서 낙담한 나는 하나님 앞에 자유롭게 나아가지 못했다. 두려움과 아울러 온갖 변명이 생겼다.

'누구나 이 정도 죄는 짓는 것 아닌가? 젊은 청년이 어떻게 완전히 거룩할 수 있는가? 사람은 죄를 지을 수밖에 없는 존재인데 어떻게 거룩하라는 건가?'

심지어 하나님을 원망하기도 했다. 죄를 짓는 인간의 삶이 너무 가혹하다는 생각에 마음이 복잡했다. 어쨌든 죄가 있는 한 쉴 수 없었다. 은혜는 좋은 것이나 그 은혜가 죄를 깊이 깨닫게 함으로써 나를 괴롭히고 있었다. 진퇴양난이다. 은혜를 거부할 수도 없고 죄를 이길 수도 없는, 은혜와 죄가 공존하는 괴로운 시간이 계속되었다.

하나님의 용서

죄를 짓고 난 나의 마음은 곧장 방어 모드로 변한다. 나의 죄를 감추고, 하나님 앞에서 떠나고만 싶다. 예배를 드려도 기쁨 없이 허울뿐이다. 한편으로는 슬픈 마음이 든다.

'아… 또 넘어졌구나.'

그러나 그것을 순순히 인정하고 싶지 않다. 하나님께 약점을 잡히기 싫었다. 죄를 최대한 감추고 나를 보호하려 한다. 하나님은 뭐라고 하시지 않지만 나의 마음 안에는 은혜가 없고, 삶의 기쁨이 없으며, 자유로움이 사라진다.

어느 날 예배를 드리는 중에 갑작스럽게 은혜가 임한다. '그래도 나는 너를 사랑한다' 하시는 하나님의 마음이 깊이 느껴진다. 눈물이 난다. 비로소 나의 죄를 고백하기 시작한다.

"하나님, 잘못했습니다. 정말 그렇게 하고 싶지 않았습니다. 그러나 뜻대로 되지 않았습니다."

마음을 깨뜨린다. 고통스럽다. 깊은 회개는 다시 마음을 시원케 하고 자유를 준다. 그러나 아직 내가 죄를 이기지 못하는 것이 너무 두렵다. 또 넘어지고 어려워질 것만 같다.

수련회 같은 곳에 가 있는 동안에는 정말 행복하고 마치 천국에 있는 것 같다. 그러나 수련회가 끝날 즈음에는 슬슬 걱정이 되기 시작한다.

'이 수련회가 끝나고 내려가면 또 죄와 싸우게 될 텐데 잘할 수 있을까?'

그러나 죄를 짓고 회개하는 것을 반복하면서 한 가지 흔들리지 않는 확신이 생겼다. 하나님의 계속된 용서에 대한 것이다. 하나님은 나를 한 번도 정죄하지 않으셨다. 죄를 짓고 괴로운 마음으로 방황하다가 하나님 앞에 나아가서 말할 수 없이 고통스러운 마음으로 괴로워하면 기도 마지막 즈음에 하나님께서 마음을 주신다.

'길아, 나는 너를 사랑한다. 너를 통해서 영광받고 싶다. 나는 너를 통해서 반드시 영광을 받고야 말 것이다.'

아주 따뜻하고 부드럽지만 조금 슬프기도 하고 결연하기도 한 느낌이다. 눈물이 하염없이 흐른다.

'아, 그렇구나. 하나님은 나 같은 것을 통하여 영광받으시고자 이렇게 오래 참으시고 은혜를 주시면서 기다리시는구나.'

죄를 지으면 하나님께서 나를 죽이실 것 같은 두려움에서 비로소 벗어났다.

'비디오를 본다고 해서 죽는 것이 아니구나. 여전히 하나님은 나를 사랑하시는구나.'

이후로 빨간 비디오 보는 것과 더 치열하게 싸울 수 있었다. 전에는 비디오를 보고 나면 봤다는 자체도 힘들지만 그 결과로 오는 영적인 슬럼프가 더 어려웠다. 죄에 대한 정죄감으로부터 회복되는 동안 내 영혼은 말할 수 없이 괴롭고 황폐해졌다. 그러나 하나님께서 진심으로 나의 죄를 용서하시고 나를 통해서 영광받기 원하신다는 것을 알고 난 후에는 죄가 있으면 즉각 하나님 앞에 나아가게 되었다. 그러다보니 빨간 비디오를 보는 것도 현저히 줄어들었다. 한 달에 한 번 정도 보았다면 몇 개월에 한 번 정도로 줄어들었다.

정말로 죄는 사람이 해결할 수 없다는 것이 명백했다. 오직 하나님만 죄를 해결하실 수 있다. 그래서 인간이 죄를 해결하고자 한다면 늘 하나님께 가서 도움을 받아야 한다는 것을 알게 되었다. 적어도 죄에 관한 한 최대한 빨리 하나님 앞으로 나아가야 한다. 그러면 슬럼프가 짧아진다. 슬럼프가 짧아진다는 것은 죄를 이기고 은혜를 유지하는 시간이 길어진다는 것을 의미한다. 무엇보다 하나님을 두려워하지 않게 되고 나의 죄에 대해서 하나님과 진실하게 이야기하게 된다. 나의 해결할 수 없는 죄 때문에 하나님은 나의 하나님이 되시는 중이었다.

치열한 죄와의 투쟁

'정말 죄의 문제가 아니라면 내가 이렇게 가난한 마음으로 간절하게 하나님 앞에서 나아가 겸손하게 도움을 구할 수 있을까?'

죄를 회개할 때마다 주어지는 은혜가 있었다. 따뜻하시고, 용기가 많으시고, 나에게 믿음이 생기도록 결연하게 말씀하시는 하나님을 경험했다. 그래서 나도 나의 죄에 대한 태도를 분명하게 인정하게 되었다.

'그렇다. 나는 죄인이다. 나의 죄를 스스로 해결할 수 없다. 오직 예수님만 나의 죄를 용서하실 수 있다. 예수님이 십자가에 못 박히신 것은 나의 죄를 용서하기 위함이다. 그래서 예수님은 나의 죄를 듣고 싶어 하신다. 나는 아무런 문제가 없는 것처럼 해서는 안 된다. 진정으로 나의 죄를 예수님께 말해야만 한다. 예수님은 다른 어떤 이야기보다도 그것에 관심이 많으시다. 나의 죄를 예수님께 정직하게 이야기하고 도움을 받아야 한다. 나의 죄에 관한 한 나는 철저히 무능하다. 아무것도 할 수 없다. 어떤 경우에도 나의 죄를 다스리거나 스스로 해결할 수 없다.'

마음이 가난해졌다. 나는 정말 죄인이었다. 죄에 대한 깊은 회개가 진행되었다. 그 전에는 죄를 감추고 싶었다. 하나님이 정죄하실까 무서웠고, 죄짓는 나 자신을 용서하기가 쉽지 않았다. 나의 이중성이 나를 괴롭혔다. 그러나 계속된 하나님의 용서를 통해 나는 내 죄를 들고 하나님 앞에 나아가는 것을 두려워하지 않게 되었다.

죄를 회개할 때 대충 하지 않았다. 하나님께 자세히 나의 죄를 말했고, 그 죄 때문에 내가 얼마나 힘들고 어려운지를 눈물로 토로했다. 죄로 인해 내가 얼마나 좌절하는지 계속해서 호소했다. 내가 어떻게 할 수 없는 이 죄에 대해서 하나님께서 불쌍히 여겨 주시고 은혜를 부어주시도록, 그리고 이 죄가 나에게서 떠나가도 록 기도했다. 죄가 없는 자유로움을 알기에 죄가 있는 고통은 더 욱 견디기 힘들었다.

> 내가 입을 열지 아니할 때에 종일 신음하므로 내 뼈가 쇠하 였도다 주의 손이 주야로 나를 누르시오니 내 진액이 빠져 서 여름 가뭄에 마름 같이 되었나이다 내가 이르기를 내 허 물을 여호와께 자복하리라 하고 주께 내 죄를 아뢰고 내 죄 악을 숨기지 아니하였더니 곧 주께서 내 죄악을 사하셨나 이다 시 32:3-5

죄와 싸우면서, 그리고 죄를 다스리면서 독수리가 날개 치며 올라감 같은 삶이 무엇인지 알게 되었다. 백조가 물 위에서는 우 아하지만 물 밑에서는 계속 발을 젓고 있는 것처럼 그렇게 살았 다. 조금이라도 발을 멈추면 가라앉는다. 어느 순간 죄를 다스리 게 되면서 독수리가 날개를 쭉 펴고 기류를 타는 것처럼 자유롭고 기름부음이 넘치는 삶이 무엇인지 경험하게 되었다.

결정적 발견

죄를 어떻게 다스릴 수 있는지 방법을 알려주는 책을 찾았지만 도움을 얻기가 쉽지 않았다. 구원을 받았으나 어떻게 구체적으로 죄를 이기고 거룩한 삶, 영향력 있는 삶, 이중적이지 않은 삶을 살 수 있는지 제시하는 책이 없었다. 물론 책을 한 권 읽는다고 금방 죄를 다스리게 되는 것은 아니겠지만, 그때는 길을 알고 싶었다. 그런데 로마서를 읽다가 결정적인 발견을 하게 되었다.

> 만일 아브라함이 행위로써 의롭다 하심을 받았으면 자랑할 것이 있으려니와 하나님 앞에서는 없느니라 성경이 무엇을 말하느냐 아브라함이 하나님을 믿으매 그것이 그에게 의로 여겨진 바 되었느니라 일하는 자에게는 그 삯이 은혜로 여겨지지 아니하고 보수로 여겨지거니와 일을 아니할지라도 경건하지 아니한 자를 의롭다 하시는 이를 믿는 자에게는 그의 믿음을 의로 여기시나니 일한 것이 없이 하나님께 의로 여기심을 받는 사람의 복에 대하여 다윗이 말한 바 불법이 사함을 받고 죄가 가리어짐을 받는 사람들은 복이 있고 주께서 그 죄를 인정하지 아니하실 사람은 복이 있도다 함과 같으니라 롬 4:2-8

'그렇구나. 하나님은 일을 아니할지라도 경건치 않은 나를 의롭다고 하시는구나. 나는 그것을 믿어야 하고, 내가 믿을 때 그 믿음을 하나님께서 의로 여기시고 진정으로 나는 의롭게 되는구나.'

하나님께서 의롭다고 하여도 나는 나의 죄를 알기 때문에 쉽게 믿지 못했다. 늘 마음에 정죄감이 있었고, 하나님의 용서를 진정으로 누리지 못했다. 그러나 성경은 분명하게 일을 아니할지라도 경건치 않은 자를 의롭다고 한다니 나는 그것을 믿어야 했다.

'내가 일하고 보수로 받은 의로움이 아니라, 나의 경건함으로 의롭게 되는 것이 아니라, 일도 안 하고, 죄도 있는데 의롭다고 하시는 하나님 때문에 의롭게 되는 것이구나.'

경건치 않은 나를 하나님은 의롭다고 하시니 나는 그것을 믿어야 한다. 하나님의 약속을 믿어야 죄를 다스리게 된다. 약속을 믿지 못하면 계속 죄에 시달리게 될 것이다. 뿐만 아니라 정죄감으로부터 벗어날 수 없다. 나의 죄를 내가 아는데 내가 어떻게 의롭단 말인가. 그러나 나의 의로움은 나의 행위에서 나오는 것이 아니라 하나님이 주시는 것이고, 나는 그것을 믿어야 한다.

죄를 짓지 않으려는 나의 노력 안에는 분명 나의 행위로 의롭게 되고 싶다는 마음이 있었다. 아무에게도 책잡히지 않고 떳떳하게 나의 의로움을 주장하고 싶었다. 하지만 죄는 나의 의지로 끊는 것이 아니라 하나님이 나를 의롭다고 하실 때 그것을 믿고 하나님의 의를 입어야 함을 알게 되었다. 더욱 하나님 앞에 나아가서 죄를 고백하고 하나님이 주시는 은혜로 회복되는 일들이 잦아졌다. 죄에 대한 많은 깨달음이 있었고, 아주 오랫동안 비디오에 대한 유혹도 이겨냈다.

그런데 어느 날 비디오를 또 보게 되었다. 말할 수 없이 슬펐다. 내 안에서 죄를 짓고 즐기고 싶은 유혹과 하나님의 은혜를 좋아하고 즐거워하는 마음이 싸우다 죄가 이긴 것이다. 하나님께 죄송했다.

> 내 속 곧 내 육신에 선한 것이 거하지 아니하는 줄을 아노니 원함은 내게 있으나 선을 행하는 것은 없노라 내가 원하는 바 선은 행하지 아니하고 도리어 원하지 아니하는 바 악을 행하는도다 롬 7:18,19

내가 원하는 선은 행하지 아니하고 원치 아니하는 악을 행하고 있었다. 무엇보다 슬펐던 것은 내가 죄로 사로잡혀 가는 것을 스스로 깨어서 보고 있었다는 것이다. 죄를 짓고 싶지 않은 내가 죄를 짓기 위하여 죄에 사로잡혀 가는 나를 바라보고 있었다.

비디오를 틀었다. 그날은 특별한 날이었다. 그 장소에 예수님이 계시다는 것을 부인할 수 없었다. 물론 나의 눈에는 예수님이 보이지 않았다. 그러나 그 장소에 임재하신 예수님을 거부할 수 없었다. 나는 무릎을 꿇고 기도했다.

'예수님, 저는 비디오를 보고 싶지 않았습니다. 그런데 다시 지고 말았습니다.'

조용하지만 분명하게 하나님의 음성이 들린다.

'길아, 정말 그러냐? 그럼 얼른 나가라!'

나는 즉시 일어나서 나왔다. 다시는 예수님과 함께 비디오를 볼 수 없었다. 죄를 회개하고 예수님께 나아가는 일을 계속하면서 죄를 짓는 현장에도 예수님은 나와 함께 계신다는 것을 알게 되었다. 심지어 죄를 지을 때 예수님은 안타까운 심정으로 나를 보고 계신다는 것을 느끼게 되었다. 나를 안타까워하시는 예수님을 외면할 수 없었다. 나를 사랑하시고 영광을 받으시고자 하시는 예수님의 수고를 외면할 수 없었다.

승리의 경험

이후 죄가 있으면 즉각 회개하는 일이 잦아졌다. 그만큼 은혜도 금방 회복되었다. 회개하고 넘어지고, 다시 일어나고 싸우다 또 넘어지고를 반복했다. 길을 걷다가 멀리서 내가 좋아하는 스타일의 자매가 보이면 무단횡단을 해서라도 건너편으로 간다. 전철을 타기 전에 간절히 기도한다.

'예수님, 제가 전철을 타서 예쁜 여자를 보아도 마음이 흔들리지 않고 거룩함을 지키게 하소서.'

그러고 나서 전철을 타면 어김없이 예쁜 여자가 보인다. 나는 즉시 기도한다.

'예수님, 저는 요셉처럼 이 상황을 이겨내기 원합니다. 이 상황을 벗어나기 원합니다.'

다른 전철 칸으로 옮긴다. 그러면 더 많은 여자들이 보인다.

'아… 나보고 어떻게 하라는 건가.'

중간에 전철에서 내린다. 정말 불편한 나날이었다. 하지만 회개를 멈추지 않았다. 날마다 눈물로 회개하고 일어서는 것을 되풀이했다. 확실히 나의 죄가 다스려지고 점점 줄어들고 있었다. 죄는 하루아침에 다스려지지 않았다. 반복되는 회개를 통해 부어지는 은혜가 죄의 유혹에 대해 강해지도록 했다.

어느 날인가 전철을 타기 전에 전처럼 간절히 기도했다.

'하나님, 제가 거룩함을 지키게 해주십시오.'

내 마음에 하나님의 뜻이 부어진다.

'나는 거룩해지기로 결정하면 거룩해질 수 있다.'

하지만 난 믿지 않았다. 늘 거룩해지고 싶었지만 죄를 지었기 때문이다. 전철을 타자마자 예쁜 여자들이 보인다. 난 마음을 굳게 먹는다.

'나는 거룩해지기로 결정한다. 난 이 죄와 아무 상관이 없다.'

신기하게 마음에 아무런 요동이 없다. 얼굴을 돌리자마자 마음이 평안해지면서 거룩함을 지킬 수 있다. 정말 놀랍다. 드디어 죄를 다스릴 수 있게 된 것이다!

그 후로 음란함은 내 안에서 힘을 잃었다. 오랜 투쟁의 결과였다. 10여 년이 걸린 것 같다. 아주 불편하고 피곤한 삶이었다. 죄와 싸우는 삶을 산 지 그만큼의 시간이 지나서야 고질적인 죄를 다스리게 된 것이다.

한두 번의 은혜로 죄가 다스려지지 않아 많이 좌절했다. 은혜를 받아도 여전히 내 안에 죄를 다스리지 못하고 영원히 불안한 삶을 살아야 하는 거 아닌가 하는 걱정이 있다. 그러나 분명히 알게 된 것은 죄와 싸우면 반드시 다스리게 되는 날이 온다는 것이다. 죄와 타협하면 죄를 다스릴 수 없지만, 죄와 싸우는 한 반드시 죄를 다스릴 수 있게 된다.

이러므로 우리에게 구름같이 둘러싼 허다한 증인들이 있으니 모든 무거운 것과 얽매이기 쉬운 죄를 벗어버리고 인내로써 우리 앞에 당한 경주를 하며 믿음의 주요 또 온전하게 하시는 이인 예수를 바라보자 그는 그 앞에 있는 기쁨을 위하여 십자가를 참으사 부끄러움을 개의치 아니하시더니 하

나님 보좌 우편에 앉으셨느니라 너희가 피곤하여 낙심하지
않기 위하여 죄인들이 이같이 자기에게 거역한 일을 참으
신 이를 생각하라 너희가 죄와 싸우되 아직 피흘리기까지
는 대항하지 아니하고 히 12:1-4

회개하는 방법

회개하면 하나님은 반드시 용서하신다. 나는 처음에 하나님
이 벌을 줄까봐 무서워서 회개했다. 무서워서 하는 회개이기 때문
에 용서받는 감격과 죄로부터 자유해졌다는 유쾌함이 없었다. 심
판을 면하기 위한 회개였다.

그러나 하나님은 나에게 더 이상 심판자가 아니라 아버지라
는 것을 알게 되었다. 하나님은 나의 죄를 보시고 심판하실 생각
을 하시는 것이 아니라 부드럽게 교정해주고 싶어 하셨다. 정말로
죄를 다스리고 싶다면 깊은 회개 외에는 방법이 없다.

한번은 중고등부 수련회에 초청받아 죄에 대해서 설교한 후
에 같이 기도하자고 했다. 뜨거운 밤이었다. 모든 선생님들은 그
야말로 눈물바다였다. 그런데 학생들은 뚱한 표정으로 선생님들
을 한참 보다가 불쌍해보였는지 휴지를 가져다준다. 그 모습을 보
고 있자니, 답답하고 안타깝다. 화를 낼 힘도 없다. 어찌 사람이
사람의 죄를 책망하랴. 성경은 성령 하나님께서 사람의 죄를 책망

하신다고 하시지 않았는가….

마음을 가라앉히고 아이들에게 물었다.

"너희들 하나님 앞에서 울면서 간절히 기도해본 적이 있니?"

"예! 작년 수련회 때요."

"그렇구나. 일 년에 한 번씩 회개하는구나."

기도를 가르쳐야겠다고 생각했다.

"엄마와 아빠가 싸울 때 너희들은 뭘하니?"

집에 들어가기 싫어서 밖에 있거나, 컴퓨터 하거나, 이불을 뒤집어쓰고 있다고 대답한다. 한 아이가 독특한 대답을 했다.

"엄마와 아빠를 불러서 화해시켜요!"

부모님이 싸워서 마음이 힘든 사람은 일어나라고 말한다. 경험상 어떤 집회든 거의 대부분의 아이들이 일어난다.

"엄마와 아빠가 어떤 일 때문에 싸우시는지 정직하게 하나님께 말해라. 그리고 그렇게 싸우실 때 너희 마음이 얼마나 힘들었는지 하나님께 말해라."

그러면 아이들이 울면서 기도하기 시작한다. 부모님의 문제는 곧 자신과 직결되는 문제인 것이다.

"마지막으로 하나님이 너희 가정을 어떻게 해주셨으면 좋겠는지 소원을 말해라. 예수님이 지금 너희 기도를 다 듣고 계신다. 입을 열어 어서 말해라!"

그러면 아이들이 정말 간절하게 소원을 말한다.

죄에 대한 기도도 마찬가지다. 죄를 짓는 현장으로 돌아가서 그때 무슨 일이 있었는지 예수님께 자세히 말해야 한다. 그때 예수님은 나와 함께 계셨다. 예수님은 내 고백을 듣고 싶어 하신다. 나의 죄를 자세히 말하고, 죄를 지을 때 마음이 어땠는지 예수님께 말하는 것이다. 그리고 그 죄에 대해서 예수님이 가지신 마음을 품고 싶다고 고백하는 것이다. 나는 아직 죄를 즐기고 있지만 예수님께서 그 죄를 어떻게 생각하는지 알고, 나의 죄에 대해서 예수님과 같은 마음을 품기를 소망하며 말하는 것이다.

만약 나의 죄를 위해 피 흘리신 예수님의 마음을 깊이 안다면 나는 죄를 즐기지 않으리라. 나의 죄에 대하여 가난한 마음이 생기는 것은 하나님과 깊이 화해하는 것이다. 하나님과의 친밀함을 방해하는 죄에 대한 깊은 각성은 하나님과의 친밀함을 회복시킨다. 이미 용서받은 죄를 다시 회개할 필요는 없다.

우리는 하나님과 재판장과 죄인으로 만나는 것이 아니라 아버지와 아들로 만나는 것이다. 따라서 회개하고 용서받는 것은 죄인이 감옥에 들어갔다 와서 더 이상 죄에 대해서 책임을 질 일이 없다는 식의 의미가 아니다. 하나님은 우리 아버지로서 우리의 죄를 용서하신다. 그리고 우리가 하나님의 자녀로서 죄를 다스리고 하나님과 친밀하고, 자유롭고, 행복하게 살기를 원하신다. 우리는 하나님과의 행복한 관계를 방해하는 죄에 대하여 주의를 집중하고 다스려야 한다.

죄를 정말 이겼는가

한때는 정말 죄를 다스린 줄 알았다. 몇 년 동안 음란한 생각이 나지 않았다. 예전단에서 나와 거룩하게 살 수 있을까를 걱정했는데 간사로 살 때보다 더욱 거룩해졌다. 위기감이 크게 작용했던 것 같다. 선교단체 안에 있을 때는 실수를 해도 단체의 보호가 있었지만, 이제 실수하면 나 홀로 책임져야 한다는 생각이었다.

'만약 내가 죄를 지어 하나님이 날 쓰시지 않으면 나만 문제가 아니라 가정도 어려워질 텐데….'

그럴 수는 없었다. 아버지 생각이 났다. 목수였던 아버지는 시골에 교회를 손수 지어 하나님께 바치셨다. 그런데 외도를 하는 바람에 교회에도 못 가게 되고 결국 하나님을 떠나게 되었다. 그 후로 우리 가정은 몰락했다. 아버지는 살아도 산 것이 아니었고, 어머니와 자식들의 삶 또한 피폐해졌다. 그것은 정말로 지나간 때로 족하다. 다시는 그런 일이 있게 해서는 안 된다.

몇 년 동안 음란한 생각이 한 번도 들지 않을 정도로 거룩하고 겸손했다. 그러나 분당에서 교회 설립예배를 드리고 삶이 안정되면서 가끔 지나가는 아름다운 여자가 눈에 들어오곤 했다. 나중에 명동에 나가서 혼자 기도하면서 생각하니 그때 내가 영적으로 지쳐 있어서 빨간불이 켜졌던 것이다.

음란함을 다스리면 완전히 죄가 끝나는 줄 알았다. 그러나 다스렸다 해도 겸손하지 않으면 죄에 대한 경각심을 잃기 쉽고 조금만 죄를 즐기면 바로 욕심이 올라오고 죄에 대해 약해진다는 것을 알게 되었다. 살아 있는 한 죄와 싸우는 일을 멈추어서는 안 된다!

언젠가 지방에 강의하러 갔는데 한 장로님이 거룩함에 대한 설교를 듣고 나를 찾아오셨다. 칠십 대이신 장로님은 가쁜 숨을 몰아쉬고 울면서 말씀하셨다. 자신은 성기능이 죽었는데도 빨간 비디오를 본다고….

"장로님, 정말 정직하십니다."

우리는 같이 무릎 꿇고 기도했다.

사람은 그렇다. 성기능이 상실되어도 욕심은 살아 있다. 정직하지 않으면 넘어진다. 내가 만약 죄 짓지 않는 사람처럼 행동한다면 반드시 죄를 짓게 될 것이다. 내가 용서받은 죄인인 것을 한시도 잊지 말아야 한다. 죄는 완전히 없어진 것이 아니라 겸손하게 예수님의 도움을 받고 있는 순간 잠시 다스릴 수 있게 되는 것이다. 겸손함을 잃고 욕심에 휘둘리면 다시 죄를 짓게 되고 전보다 더 비참해질 수 있다.

영으로써 몸의 행실을 죽이고 자유롭게 될 때까지 자신의 죄

에 대하여 낙관하지 말고 겸손하게 자신이 용서받은 죄인인 것을
기억해야 한다.

그러므로 형제들아 우리가 빚진 자로되 육신에게 져서 육
신대로 살 것이 아니니라 너희가 육신대로 살면 반드시 죽
을 것이로되 영으로써 몸의 행실을 죽이면 살리니 롬 8:12,13

죄는 중독이다

우리 안에는 잘 다스려지지 않아 반복해 짓게 되는 특정 죄들
이 있다. 그러한 죄들은 오랫동안 영적인 성장을 방해하면서 우리
를 괴롭힌다. 죄를 다스리지 못하면 그 수준에서 영적인 성장이
멈춘다. 많은 은혜를 받고도 뒤로 죄를 짓는 삶이 반복되면 깨진
항아리에 물을 붓는 것과 같다. 죄를 다스리는 삶은 피 흘리기까
지 죄와 싸우는 투쟁 끝에 얻어진다.

그러면 왜 반복되는 죄들은 잘 다스려지지 않는 것일까? 몇
가지 이유가 있다. 먼저 반복적으로 짓는 죄들은 우리를 그 죄에
중독되게 하는 경향이 있다. 죄는 중독이다. 중독이 되면 어떤 사
람도 스스로 벗어날 수 없다. 죄는 가장 강력한 중독이다. 끊임없
는 은혜의 역사 외에는 방법이 없다. 사람이 바뀌어야 죄가 그친
다. 죄는 인격의 가장 연약한 부분이기 때문이다.

하나님 외에 누가 사람을 바꿀 수 있는가? 죄는 사람의 힘으로는 다스릴 수 없고 오직 하나님만 처리하실 수 있다. 그런데 하나님은 우리의 죄가 하루아침에 한 번의 은혜로 갑자기 끊어지도록 하시지 않는 듯하다. 물론 그렇게 갑작스럽게 성화(聖化)가 일어나는 사람들이 간혹 있다. 정말 부럽다. 그러나 죄는 시달리면서 오랜 시간 싸움 끝에 해결되는 경우가 더 많다.

하나님은 우리가 죄를 이길 수 있는 인격을 가진 사람이 되기를 원하신다. 죄를 이기자면 죄에 대한 유혹을 스스로 이길 수 있어야 한다. 담배를 끊을 때 금연침(禁煙針)의 도움을 받을 수 있다. 그러나 결국은 자신의 의지가 중요하다. 죄도 마찬가지다. 죄가 인격의 가장 취약한 부분이라면 그 부분이 강해져야 다시는 죄를 짓지 않게 된다. 결국은 그 사람의 인격이 좋아져야 하는 것이다. 하나님은 우리가 좋은 사람이 되어서 죄를 다스리도록 하신다. 인격이 강건해짐으로써 죄를 이기는 사람이 되게 하고 싶으신 것이다. 좋은 나무가 좋은 열매를 맺는다. 우리는 좋은 나무가 되어야 한다.

은혜를 많이 경험해서 신앙이 좋은 것 같으나 죄를 이기지 못하는 사람들을 종종 본다. 대표적으로 다윗이 있다. 다윗은 어린 시절에 하나님의 도움으로 사자와 곰과 싸우면서 양을 지켰다. 그는 골리앗과 싸울 때 사자와 곰과 싸울 때 도우셨던 하나님을 향한 믿음으로 이겼다. 그리고 유명한 사람이 되었고, 곧 광야로 나가서 오랜 시간 훈련을 받았다. 시간이 흘러 하나님의 도우심으로 왕까지 되었다.

왕이 되어 아무런 문제가 없을 때, 자신의 부하들이 알아서 땅을 정복하고 있을 때 그는 부하인 우리아의 아내 밧세바와 동침했다. 실수가 아니라 아주 고의적인 것이었다. 밧세바는 아이를 임신했고, 다윗은 우리아를 불러들여서 자신의 죄를 감추려고 시도하다가 뜻대로 되지 않자 전쟁에서 그를 죽게 만들었다.

훈련된 다윗이 왜 이런 실수를 하는가? 아마도 다윗은 어려서부터 음란한 죄로부터 자유롭지 못했던 것 같다. 나 또한 어려서부터 음란함으로부터 자유롭지 못했다. 그만큼 반복적으로 짓는 죄는 뿌리가 깊고 오래된 것이다. 오랫동안 중독된 죄를 하루아침에 다스릴 수 없다. 혹 다스린 것 같아도 자신을 신뢰해서는 안 된다. 어떤 사람에게 이렇게 질문한 적이 있다.

"담배를 피우는 것과 음란한 죄를 짓는 것 중에서 어느 것이 더 부끄럽습니까?"

"음란함이 더 부끄럽습니다."

담배 피우는 것도 끊지 못하는데 어찌 더 부끄러운 음란함을 쉽게 다스릴 수 있겠는가. 죄가 은밀하고 깊을수록 더 다스리기 힘들다. 고질적인 죄는 내 인격의 암(癌)과 같다. 감기 수준에서 다룰 수 있는 것이 아니다.

어느 교회 중고등부에 가서 설교하면서 죄를 곰팡이에 비유하여 설명한 적이 있었다.

"집에 곰팡이가 피면 어떻게 해야 할까?"

나는 당연히 "문을 열고 햇볕이 들어오게 해야 합니다"라고 할 줄 알았다. 그러나 사랑스러운 중고등부 아이들은 늘 창조적인 답변을 한다.

"팡이 제로를 뿌립니다."

"음… 그렇구나!"

곰팡이가 피면 문을 열어서 공기가 통하도록 하고 빛이 들어오게 해야 한다. 그래야 더 이상 곰팡이가 번지지 않도록 막을 수 있다. 죄도 그렇다. 나의 죄를 빛 되신 예수님 앞에 드러낼 때에만 고칠 수 있다. 감추면 죄는 더 커지고 우리가 사망으로 갈 때까지 우리를 놓아주지 않는다. 죄가 장성하면 사망에 이르기 때문이다.

내면의 빨간 신호등

내면의 상처는 마음을 약하게 한다. 상처받아서 약해진 마음은 죄에 대해서도 약하다. 문제는 어떤 상처가 어떻게 마음을 약하게 하고 그 약해진 마음이 어떤 죄를 낳게 하는지 잘 모른다는 것이다.

한 형제와 상담을 하는 도중 그가 자신은 음란함에 취약하다고 말했다. 자신이 아는 정신과 의사들에게 상담을 했더니 음란함은 어려서 아버지와의 관계가 원만하지 않을 때 그럴 수 있다고 했단다. 맞는 부분이 있다고 생각한다.

항상 나도 왜 내가 음란함에 약한지 생각했다. 어떤 경우에 음란함에 넘어지는지 오랫동안 분석한 결과 대부분 내 마음이 허전할 때였다. 마음이 쉬지 못하고 안정감이 없을 때, 그러니까 외로움이라든가 어떤 잘못된 감정에 시달릴 때, 처음에는 음란하지 않지만 결국에는 그런 감정이 음란함으로 가는 것을 보았다.

마음의 상처는 치유되어야 한다. 모든 죄가 상처 때문인 것은 아니다. 그러나 상처는 우리의 마음밭을 상하게 만든다. 상한 마음, 건강하지 못한 마음밭은 죄의 열매를 맺게 만든다.

그래서 자신이 자주 짓는 죄를 알고 있어야 한다. 항상 빨간 신호등이 앞에 있다고 생각하자. 어떤 상황에서 자신이 그 죄로 가는지 과정을 알고 있어야 한다. 마음이 성령충만하지 않고 성령의 인도하심을 받지 못하면 죄로 직행하기 십상이다. 훈련이 어느 정도 진행되고 마음을 잘 지킬 수 있으면 잠깐 마음을 놓쳐도 바로 죄를 짓지는 않는다. 그러나 한참 훈련 중인 사람은 금방 표시가 난다. 아직 죄를 다스리지 못하기 때문에 성령충만하여 마음이 죄에 대하여 강하고 안정감 있을 때와 그렇지 못할 때가 금방 표시가 나는 것이다. 아직 고질적인 죄를 다스리지 못하고 있을 때는 항상 넘어질 수 있다는 것을 알고 마음이 죄를 짓는 상태로 가지 않도록 경계할 필요가 있다.

또한 죄를 이기려면 건강한 몸(공동체)에 붙어 있어야 한다. 그것은 곧 예수님께 붙어 있는 것이다. 대학생 때 죄에 시달리다가도 예전단 캠퍼스 모임에 가면 죄에 대한 다스림이 훨씬 강해지는 것을 느꼈다. 그 차이가 너무도 명확해서 아무리 바쁘고 힘들어도 훈련받는 것을 멈출 수 없었다. 그래서 예수전도단을 나올 때 가장 먼저 걱정되었던 것이 "몸을 떠나도 거룩할 수 있을까?" 하는 것이었다.

그러면 어느 정도 그리스도 몸의 도움을 받아야 할까? 정확한 통계는 알 수 없다. 그동안 관찰한 바로는 대략 3년 정도는 필요한 것 같다. DTS 강의하러 가면 학생 때부터 보던 사람을 간사가 되어서도 계속 보게 된다. 그러면 그 사람의 영적인 변화를 몇 개월에 한 번씩 지켜보게 된다. 그동안 시달리던 죄에서 자유롭게 되어 영적으로 강건한 사람이 되기까지 보통 3년은 걸리는 것 같다. 그 정도 시간이 흐른 후 죄와의 싸움에서 승리한 얼굴을 볼 수 있었다. 굳이 성경적 근거를 대자면 예수님도 제자들을 3년 동안 훈련시키셨다. 기간이 어느 정도 관계가 있는지 잘 모른다. 어쨌거나 한 사람이 스스로 거룩함을 지키고 죄를 이길 수 있는 상태가 되자면 반드시 강건한 그리스도의 몸에 붙어 있어야 한다.

그렇다면 어떤 몸이 강건한 그리스도의 몸인가? 어떤 사람이 혼자는 다스릴 수 없었던 고질적인 죄를 다스리게 할 수 있는 몸이다. 죄를 먹고 마시는 삶에서 죄를 다스리고 예수님을 나타낼 수 있는 삶으로 변화시킬 수 있는 몸이 강건한 그리스도의 몸이다.

오직 성령의 인도하심을 따라

죄인인 우리는 성령의 인도함을 받음으로써 욕심을 다스리게 되고, 성령의 능력으로 속사람이 강건해져서 죄의 유혹을 이기게 되고, 고난을 통해서 죄 짓기를 그치게 된다.

> 내가 이르노니 너희는 성령을 따라 행하라 그리하면 육체의 욕심을 이루지 아니하리라 육체의 소욕은 성령을 거스르고 성령은 육체를 거스르나니 이 둘이 서로 대적함으로 너희가 원하는 것을 하지 못하게 하려 함이니라 너희가 만일 성령의 인도하시는 바가 되면 율법 아래에 있지 아니하리라 갈 5:16-18

나는 육체의 소욕이 성령의 소욕이 거스르는 내면의 격렬한 싸움을 경험했다. 나의 욕심과 성령의 뜻이 서로 격렬하게 싸웠다. 그러나 성령의 인도함을 세밀하게 받으면 받을수록 죄에 대해서 강해졌다. 어느 순간 사소한 것이라도 내 마음대로 하면 죄에 대하여 약해짐을 느낀다. 성령의 인도하심에 불순종하면 당장은 무슨 일이 일어나지 않는 것 같아도 나의 욕심에 대한 통제력이 현저하게 떨어지고 결국은 죄의 길로 가게 된다.

야고보서 1장 14절과 15절 말씀처럼 "오직 각 사람이 시험을 받는 것은 자기 욕심에 끌려 미혹됨이니 욕심이 잉태한즉 죄를 낳고 죄가 장성한즉 사망을 낳게" 되는 것이다. 욕심이 죄를 낳는다. 욕심을 통제하려면 성령의 인도함을 세밀하게 받아야 한다. 나의 뜻대로 하지 않고 성령께서 주시는 뜻을 받아서 순종하는 삶을 살 때 나의 욕심을 다스리고 죄를 다스리게 되는 것이다.

혹 죄에 약해졌다면 가장 먼저 내가 어디서부터 혼자 왔는지 점검해야 한다. 성령의 인도하심을 따르지 않고 나의 욕심을 따라서 내 마음대로 한 것이 어디서부터인지 찾아서 그 자리로 돌아가서 회개하고 다시 예수님과 동행하는 것이다.

삶의 모든 순간에 성령의 뜻을 따라 살면 예수님과 동행하는 삶을 살게 되고, 죄에 대해 강해지고, 율법의 요구를 이룰 수 있게 된다. 내 욕심을 따라 살지 않으려면 무엇보다 속사람, 마음의 사람이 강건해야 한다.

죄는 유혹이다. 유혹을 이길 힘이 없으면 죄를 짓게 된다. 유혹을 이기자면 속사람이 강건해야 한다. 속사람이 약하면 유혹을 이길 힘이 없고, 유혹이 올 때 쉽게 넘어진다. 성경은 성령께서 속사람을 그의 능력으로 강건하게 하신다고 말한다. 성령의 인도함을 받고 그의 능력을 의지하면 속사람은 강건해지고 죄를 벗어버리게 된다.

5장
깊이 신뢰함

꿈을 내려놓다

대학에서 학생운동을 하지 않고 공부만 하게 되면서 전공인 철학이 재미있는 학문이란 것을 알게 되었다. 원승룡 교수님에게 논리학, 인식론, 해석학, 현상학을 배웠다. 논리학은 마치 수학 같아서 풀기가 쉽지 않았지만 철학도에게 논리라는 것 자체가 주는 큰 매력이 있어서 정말 열심히 공부했다. 2학년 때 배웠던 인식론은 나를 철학의 세계로 빠져들게 했다. 교수가 되지 못하더라도 평생 철학만 연구하면 좋겠다는 생각이 들 정도였다. 철학을 하는 사람 중에는 그런 사람들이 의외로 많았고, 그런 삶이 멋있어 보였다.

특별히 근대철학의 아버지로 불리는 데카르트의 글들을 읽으면서 정말 행복했다. 《정신지도의 규칙》이나 《방법서설》 등은 공부하는 방법, 생각하는 방법에 대한 좋은 교본이었다. 데카르트와 칸트의 인식론을 배우고 나서 현상학을 배웠다. 인식하는 방법에 대한 다양한 공부를 하면서 나는 사고의 정밀성을 배웠다.

수업시간은 자유로웠다. 어떤 질문도 환영받는 분위기였다. 심지어 교수님이 "김길! 질문해. 네가 질문하면 수업하고, 질문 없으면 수업 끝낸다"라고 말씀하실 때도 있었다. 내 질문이 날카롭지 못하면 "지금 네가 하고 있는 말이 무슨 뜻이냐?"라는 교수님의 역질문에 진땀을 흘리며 대답해야 했다.

원승룡 교수님은 내게 철학을 계속 공부하라고 여러 번 권면하셨다. 우선 대학원을 졸업하고 독일어 공부를 한 후 적당할 때 독일 유학을 다녀오면 좋겠다고 하셨다. 납부금이 없다고 했더니 대학원은 장학금으로 해결하고 조교하면서 용돈을 벌면 된다고 하셨다. 고민하는 내게 손봉호 교수님(서울대 명예교수, 기독시민운동가) 이야기를 하시면서 그 분도 가난했지만 교회의 도움을 받고 스스로 노력해서 공부를 할 수 있었다고 권면하셨다. 졸업할 때까지 그 권면은 계속되었다. 나는 정말 깊이 고민하면서 기도했다.

'하나님, 철학을 전공하면 안 되겠습니까?'

하나님은 분명한 마음을 주신다.

'난 너를 철학 교수로 부르지 않았다.'

'그렇구나. 난 철학 교수가 아니구나. 그러면 무엇으로 부르셨을까?'

군대를 전역하면서 안영로 목사님께 진로를 위해 기도를 부탁드렸는데 목사님께서 "내가 너를 위해 기도를 많이 했다"라고 말씀하신다. 정말 감사했고, 나도 목사님을 위해 새벽마다 기도하기 시작했다. 명절에 세배하러 갔다가 목사님께 중학교 때 목사님이 설교하셨던 내용을 말씀드렸다.

목사님은 10년 전의 설교를 기억하고 있다고 좋아하셨다. 중학교 때 진로를 놓고 고민할 때 목사님이 예수님 믿는 사람은 장래를 걱정하지 말라고, 이미 하나님께서 다 정해놓으셨다고 말씀해주셔서 큰 위로를 받았다는 이야기도 했다.

내 이야기를 한참 들으시던 목사님은 유명한 부흥사가 여기 한 명 와 있다고 하셨다. 그리고 나에게 미국에 유니온 신학교에 가서 신학을 공부하는 게 어떻겠냐고 말씀하셨다. 존경하는 목사님의 권면을 듣고 나는 기도했다. 하지만 하나님은 역시 아니라고 하셨다.

본격적인 순종 훈련

졸업을 한 학기 앞두고 자매와 교제도 시작하고 인생을 위해 중요한 결정을 해야 하는 시기였다. 이미 철학이나 신학 교수는 아니었다. 결국 예전단 간사가 되는 것이 유일한 진로였다. 그러나 정말 내키지 않았다.

'월급도 받지 못하고, 아무런 보장도 없고, 누구도 이해 못하는 간사를 꼭 해야 하는가….'

"길아, 너 선교단체로 가면 인생이 좁아진다."

신학교 교수이자 대학교 선배이기도 한, 청년부 목사님의 권면이었다. 나는 기도했다.

'하나님, 신대원에 가는 것과 간사가 되는 것 중에 어떤 것이 좋을까요?'

하나님은 무엇을 하든지 축복하신다는 마음을 주신다. 그러나 믿기 어렵다. 나의 숨은 동기를 하나님이 보시고 나를 배려해주신 것 같았다. 나의 이십 대를 관통하는 기도가 무엇이었는가?

'예수님, 저에게 돌려서 말씀하시지 마십시오. 분명하게 뜻을 말씀해주십시오. 제가 순종하겠습니다. 저를 배려하지 마시고 하나님의 계획을 말씀해주십시오. 예수님을 기쁘시게 해드리겠습니다.'

이십 대의 대부분을 그렇게 기도하면서 보냈는데…. 솔직히 나는 간사가 되기 싫었다. 좋은 교회에서 부교역자로 살면서 행복한 가정을 이루고 싶었다. 하나님은 내가 무엇을 하든지 축복하겠다고 하신다. 난 믿지 않았지만 내 마음대로도 할 수 없었다. 당장 무엇을 어떻게 해야 할지 모르지만 지금까지 함께해온 하나님과의 길을 지울 수는 없었다.

마지막 예비군 훈련을 갔다. 사격을 하고 내려왔는데 사격장에 뭘 두고 온 것 같다. 사격장으로 올라가려다가 그냥 집으로 왔다. 사격장으로 가려는데 하나님이 조용히 부르시는 것이 느껴졌기 때문이다. 버스를 타고 오는데 하나님이 마음을 부어주신다.

'길아, 너 허준 생각나냐?'

'예, 생각납니다.'

허준의 《동의보감》이라는 소설을 감명 깊게 읽은 적이 있다. 허준은 노비다. 그가 스승 유의태 밑에서 의술을 배운 이유는 천민 신분을 벗어나고 싶었기 때문이다. 어렵게 의술을 배우던 중 허준은 참판댁 부인의 중풍을 고친다. 참판이 고마워하면서 의사 시험을 주관하는 친구에게 허준의 추천서를 써준다. 허준은 꿈을 이루게 되었지만 스승과는 헤어지게 된다. 유의태는 허준이 가난한 사람들을 고쳐주는 의사가 되길 바랐던 것이다.

스승과 결별한 허준은 한센병 걸린 사람들과 지내기도 하면서 의사 시험을 준비하고 시험을 보러 간다. 시험을 보러 가는 중 주막에 머무는데 밤에 어떤 사람이 자기 어머니가 죽어가니 한 번만 봐달라고 사정하는 것을 듣고 자진해서 가게 된다. 허준은 그 사람의 어머니는 살렸지만 자신은 결국 시험을 보지 못하고 만다.

드라마로 그 장면을 보았을 때 난 텔레비전 앞에서 엎드려 울면서 기도했다.

'하나님, 저는 저를 위해 살지 않을 겁니다. 만약 제가 저를 위해 살면 저는 타락한 겁니다. 하나님, 저는 하나님과 다른 사람을 위해 살겠습니다.'

하나님은 버스 안에서 그 이야기를 하고 계셨다.

'그때 기도했던 것 생각나니?'

'예, 생각납니다.'

'길아, 신대원 가는 것과 간사가 되는 것 중에 어느 것이 다른 사람을 위한 삶이냐?'

다른 길은 없다. 난 간사가 되기로 결정했다.

학교를 졸업하고 모교인 전남대 예전단 간사가 되었다. 주변 사람들은 이해하지 못했지만 나는 행복했다. 어머니의 실망이 가장 컸다. 대학을 갔으니 교수는 아니더라도 공무원 정도는 할 줄 알았는데 교수도 아니고 공무원도 아니었다. 그러면 신학교 가서 목사라도 할 것인가 했지만 그렇지도 않았으니…. 어머니는 내가 결혼하기도 힘들 것이라며 혀를 차셨다.

전남대 예전단 사역은 부흥되었다. 겨울 전도여행도 두 팀으로 가고, 동아리 방이 좁아서 큰 강의실로 가서 예배를 드려야 할 정도였다. 겨울 내내 어떻게 사역을 할 것인지 고민하고 있는데 예배 중에 하나님께서 마음을 주신다.

'전남대를 떠나라.'

나는 당황했다.

'왜 전남대를 떠나라 하실까? 지금 막 부흥되려고 하는데….'

예배를 드리면 드릴수록 더 명확해진다. 사역 리더에게 말했더니 두말없이 바로 간사를 바꾼다. 많이 서운하고 아쉽다. 그러면서 깊이 배운다.

'아, 사역은 내 것이 아니구나. 하나님의 것이구나. 내 마음대로 할 수 있는 것이 아니라 주인 마음대로 하는 것이구나.'

이 일은 평생의 교훈이 되었다. 아무리 사역이 커지고 잘되더라도 내가 붙잡을 수 없음을, 하나님이 알아서 하신다는 것을 알게 되었다.

혹독한 재정 훈련

서울에서의 삶은 쉽지 않았다. 13평도 안 되는 조그만 집에서 안방에 누님뻘 되는 간사님 세 명, 그 옆방에 자매 간사 두 명과 베란다 쪽 통로가 되는 방에 동갑인 형제와 함께 지냈다. 방이 작아 남자 둘이 누우면 어깨가 닿는다. 여럿이 살다보니 아침에 화장실을 사용할 수가 없다. 할 수 없이 아침마다 근처 대형마트 화장실에 가서 볼일을 보곤 했다.

같은 방을 쓰는 형제와는 번갈아 기도하면서 다른 시간에 잠을 잤다. 초저녁에는 내가, 새벽에는 그 형제가 방에서 잠을 잤다. 그래도 광주보다는 나았다. 광주에서는 비행장 바로 옆에 전세 2000만 원짜리 집에서 열 명 정도의 간사가 같이 살았다. 세 명의 형제가 한 방을 썼는데 똑바로 눕지 못하고 옆으로 누워서 자야만 했다.

겨울에 방에 누우면 입김이 나왔다. 나중에 제일 좋은 방을 쓰던 부부가 몽골 선교사로 파송되었을 때 형제 간사들은 가장 고생한 우리에게 그 방을 달라고 시위까지 했다. 모든 간사들이 동의해서 결국 그 방을 쓰게 되었는데 곧바로 항의가 들어왔다. 자매 간사들이 우리들의 방귀 소리 때문에 옆방에 살지 못하겠다는 것이다. 그래서 라디오를 틀어놓고 옷을 갈아입어야 했다.

하지만 거처보다 재정 문제가 훨씬 더 힘들었다. 서울은 차비가 광주하고는 비교가 되지 않을 만큼 많이 들었다. 밥도 사먹어야 했다. 광주에서는 공동생활 집에서 밥을 싸오기 때문에 끼니 걱정을 하지 않고 사역할 수 있었다. 그러나 서울 간사들은 각자 알아서 밥을 사먹는다. 돈이 없으면 꼼짝없이 굶어야 한다. 간사들의 재정 상황이 뻔하니 누가 누구를 사주고 할 겨를이 없었다.

배고픈 것은 그나마 참을 수 있다. 그러나 차비가 떨어지면 사역을 못하게 된다. 캠퍼스에 나가지 못하는 간사가 어찌 간사란 말인가. 간사로서의 정체성이 무너진다. 어두컴컴한 반지하 공동 생활 집에 혼자 있으면 내가 뭐하는 건지 알 수가 없었다.

군종사병 때부터, 그러니까 예수님을 인격적으로 만나고 난 이후로 가장 많이 받은 훈련 중에 하나가 재정에 관한 것이었다. 나의 돈은 나의 것이 아니라는 것을 확실히 배웠다.

군대에서 전역하고 나서 아파트 공사 현장에서 15일 정도 일 했더니 돈을 준다. 돈을 받기 전부터 십일조를 하고, 어머니에게 내복을 한 벌 사드리고, 영어공부를 위해 소니 워크맨을 사겠다는 계획을 세워놓았다.

돈을 받았을 때는 행복했지만 새벽마다 시달렸다. 새벽에 기 도할 때마다 받은 돈을 다 헌금해야 한다는 마음이 드는 것이다. 너무 가혹하다는 생각을 한다.

'정말 다 헌금해야 하는 것인가….'

결국 일주일의 고민 끝에 목사님께 모두 드렸다. 목사님은 웃 으시면서 헌금을 시골 교회 목사님에게 보내겠다고 하신다. 그 후 부터 돈이 생기면 하나님께 먼저 물었다.

'이 돈은 누구 것일까요?'

그러면 어떤 사람이 떠오르기 마련이었고, 나는 곧바로 헌금 을 했다.

믿음의 연단

간사의 삶을 결단할 때 하나님은 분명히 재정을 주시겠다고 약속하셨다. 간사로 살면서 한 달에 50만 원 정도는 꼭 필요하다고 생각하고 있었다. 처음 간사가 되어 사역 보고와 기도제목을 적은 편지를 쓰고 은행 계좌를 적으려고 하는데 하나님이 쓰지 말라고 하신다. 하나님이 주시겠다고. 이후로 정말로 어디서 왔는지 잘 모르지만 매달 50만 원 정도가 들어왔다.

그러나 서울로 사역을 이동하니 그마저도 끊어지고 말았다. 다시 하나님만 의지하는 시간이 온 것이다. 서울로 왔다고 해서 하나님이 변하실 리는 없는데 늘 삶이 바뀌는 시점에는 다시 한 번의 광야가 있었다.

차비가 떨어질 때마다 조마조마했다. 차비가 떨어지지 않도록 기도했지만 어느 날 결국 차비가 떨어졌다. 의왕시 내손동에 있는 공동생활 집에서 인덕원역까지 걸어가면서 기도했다. 로렌 커닝햄 목사님이 쓴 《벼랑 끝에 서는 용기》에서 신기하게 돈이 채워지는 경험들을 떠올리면서 간절히 기도했다. 돈이 하늘에서 떨어지기를…. 하나님은 그렇게 하실 수 있다고 믿었다. 그러나 돈은 떨어지지 않았다. 인덕원역에 도착해서 혹 돈이 될 만한 것이 있는지 찾아보았다.

잔액이 1500원 있는 공중전화 카드를 가지고, 가게로 가서

500원과 바꾸자고 말했다가 쫓겨난다. 재수 없다는 듯이 빨리 나가란다. 창피하다. 하나님이 마음에 생각을 주신다.

'길아, 매표소로 가라.'

난 다급한 마음으로 기도한다.

'하나님, 제발 저를 창피하게 만들지 마세요. 매표소 직원이 저에게 뭐라고 말하지 않도록 해주세요. 정말 창피당하고 싶지 않아요.'

매표소로 가서 조용히 말한다.

'저, 표 하나만 주세요.'

매표소 직원이 아무 말 없이 표를 준다. 그러나 계속 이렇게 불안하게 살 수는 없다. 차비 때문에 받는 스트레스를 어떻게든 정리해야 한다. 나의 믿음은 연단받고 있었다.

'왜 하나님이 돈을 주시지 않을까? 분명히 주신다고 하셨는데…'

돈이 없다는 것은 하나님께서 주시지 않았다는 것이다. 왜 주시지 않는 것인가? 차비가 없으면 캠퍼스에 나가지 못하는데 차비가 없다는 것은 결국 사역을 쉬라는 뜻이다. 그래서 결심했다. 돈이 없으면 사역을 잠시 쉬라는 뜻인 줄 알고 쉬어야겠다고.

어느 날인가 또 돈이 떨어졌다. 난 결심한 대로 공동생활 집에서 성경을 읽고, 밥을 맛있게 먹고 푹 쉬었다. 저녁 즈음에 캠퍼스 학생들에게서 연락이 온다.

"간사님, 왜 캠퍼스에 안 오셨어요?"

"응, 돈이 없어서 못 갔어!"

나중에 학생들이 스쿨버스표와 전철표를 가지고 왔다. 스쿨버스표는 한 학기에 다 쓰지 못할 정도로 많았다. 난 배포가 커졌다. 하루는 배고파서 설교를 못하겠다고 했다. 이후로 "간사님, 식사하셨어요?"가 학생들의 인사가 되었다.

해마다 연초에 하나님께 필요한 재정을 말씀드린다.

'하나님, 이번에 결혼했습니다. 한 달에 백만 원 정도 필요합니다.'

하나님은 항상 필요한 돈보다도 조금 더 주셨다.

'하나님, 이번에 아이가 태어났습니다. 백오십만 원 주세요.'

좋으신 아버지 하나님은 이미 나의 필요를 알고 계신 경우가 많았다.

하나님이 주신 예물

공동생활 집에 사는 형제 간사들은 토요일에 이삿짐을 나르거나 상갓집에 가서 돕는 일을 자주했다. 어느 날 희곤이 형한테 연락이 왔다.

"길아, 상여 좀 들어줄래?"

"예, 알겠습니다."

일원동에 있는 삼성병원으로 갔다. 입던 옷 중에 깨끗한 걸로 골라 입고 갔는데 희곤이 형이 약간 당황한다.

"너 양복 없니?"

"예, 없는데요."

"아, 그래! 그럼 산에 가서 상여를 좀 들어주라."

"예, 알겠습니다."

나중에 보니 여섯 명의 형제들이 상여를 들었는데 다 검은 양복에 검은 넥타이를 매고 있다. 나는 산에 가서 상여를 들어주었다. 장례가 끝나고 희곤이 형이 부른다.

"길아, 잠깐 나올래?"

나갔더니 양복을 사주고 싶단다. 깔끔하고 멋있는 양복을 사준다. 따뜻한 형이다.

"내가 너 양복 한 벌 사주고 싶었거든."

스물아홉 살 가을, 처음 양복이 생겼다. 물론 양복을 입을 일은 거의 없었다. 그 즈음에 캠퍼스에서 대학부 모임을 하는데 처음 보는 학생이 느닷없이 구두를 들고 왔다.

"간사님, 혹시 구두 필요하지 않으세요?"

"어! 그래."

얼떨결에 구두를 받았는데 신어보니 딱 맞는다. 새것인데 세

련된 디자인에다 발도 편하다. 갑자기 생긴 양복과 구두의 용도를 알지 못했는데 그해 12월에 나는 결혼을 했다. 결혼식 턱시도는 빌려 입는다고 해도 만약 양복이 없었다면 내 성격에 분명 평상복 입고 피로연에 참석하고 신혼여행을 갔을 것이다. 그 양복과 구두는 하나님이 주신 결혼 예물이었다.

두 번째 양복은 3년 후 어느 날, 넷째 형이 사주었다. 사실 그때는 옷이 아니라 돈으로 주었으면 좋겠다고 생각했다. 세일해서 30만 원이 넘는 양복이었다. 거의 한 달치 생활비. 그래도 내가 선택할 수는 없었다. 그 양복이 생기고 선교한국(청년 선교 동원 운동 단체) 대회준비위원장이 되었다. 중요한 회의나 교계 어른들을 만나러 갈 때마다 그 양복을 입었고, 주일 저녁 헌신예배 설교하러 갈 때면 그 양복을 입었다.

늘 옷이 문제였다. 지방의 어느 교회 청년부 수련회 강의하러 갔는데 평상시 입던 옷에 배낭을 메고 갔더니 부목사님이 '교회 50년 역사상 이렇게 입고 온 강사는 처음'이라며 뭐라고 하셨다. 초청한 전도사는 모른 척하고 난 몹시 당황스러웠다. 한번은 군대교회 주일 저녁예배 설교를 하러 갔는데 여름 양복이 없어서 반팔 와이셔츠에 넥타이를 매고 갔다. 군 장성들이 있는데 옷차림이 뭐냐고 목사님이 당황스러워 하신다. 결국 다른 목사님의 양복을 빌려 입었다. 그동안 내 옷 때문에 여러 사람이 힘들었다.

세 번째 양복은 2007년 가을, 분당에서 안디옥선교교회 설립 예배를 드릴 때 조현삼 목사님이 사주셨다.

"김길 전도사, 그 양복 언제 산 거야?"

"예, 십 년 전에 아는 형이 사준 겁니다."

곧바로 다른 전도사님에게 부탁하신다.

"가서 김길 전도사 양복과 가방, 신발을 사서 분당 목사처럼 입혀서 오게."

제일 멋지고 좋은 양복은 그렇게 생겼다. 먹이고 입히시는 하나님이시다.

허락받고 써야 한다

노트북이 막 보급되던 시기였다. 그리 성능이 뛰어나지 않던 보통 수준의 노트북이 300만 원 정도 하던 때였다. 간사들은 차비가 없어도 노트북은 있어야 한다는 분위기였다. 다들 신기하게 기도하면서 노트북을 구해왔다. 나도 바람이 들었다. 모이기만 하면 맥(Mac)이 어떻고, 삼성이 어떻고, 도시바가 어떻고 하는데 나도 거기 끼고 싶었다. 나는 하나님께 노트북을 주시도록 기도했다. 응답이 오지 않았다.

노트북을 받으려면 노트북을 사는 사람에게 재정을 심어야 한다는 생각이 들었다. 재정에 대해서 배울 때, 심어야 거둔다고 했기 때문이다. 노트북을 사는 사람에게 몇십 만 원을 헌금했다. 그건 내가 노트북을 사려고 모아두었던 돈이었다. 그래도 노트북은 감감 무소식이다. 몇 년을 기다렸다. 도저히 참을 수 없다. 이제는 사고를 쳐야겠다고 생각하고 기도했다.

'하나님, 할부로 사겠습니다. 다른 간사들도 그렇게들 많이 삽니다.'

'기다려라.'

하나님은 반대하셨다.

'많이 기다렸는데…'

사실 노트북이 당장 필요한 것은 아니었다. 노트북을 들고 다니면서 관리할 만한 일정이 있는 것도 아니고 노트북으로 글을 써야 할 일도 없었다. 다른 간사들도 가장 많이 사용하는 노트북의 용도는 게임이었다. 그래도 사고 싶었다. 외국에서 오는 유명한 강사들은 예외 없이 노트북을 들고 다녔다. 회의할 때 노트북을 열고, 키보드를 두드리고 있으면 정말로 멋있어 보였다. 노트북이 있어야 유명 강사가 되고, 훌륭한 지도자가 된다는 생각까지 들었다.

그러나 하나님은 허락하시지 않았다. 몇 년을 기다리다가 간사를 그만둘 때 즈음에 한 형제가 노트북을 가져왔다. 조금 오래된 노트북이었지만 정말 놀라웠다. 노트북이 그냥 생길 수 있다니…. 간사를 그만두고 지난 10년 동안의 훈련 과정을 정리해야겠다는 생각이 들었고, 그 노트북은 매우 유용했다. 하지만 그동안 배운 것을 정리하자마자 노트북이 고장났다.

한참 동안 노트북이 없었는데 목포에 있는 친구가 노트북 두 개를 들고 왔다. 하나는 286이지만 전문가용이고, 또 하나는 최신 모델인데 조금 유명하지 않은 회사 것이다. 나는 속으로 '하나님, 이제 새 노트북을 주십시오' 라고 말하고 있었다. 이미 노트북을 한 번 받았기 때문에 눈이 높아져 있었다.

그래서 친구에게 말했다.

"괜찮아, 나 노트북을 위해 기도하고 있거든."

차마 새 노트북을 위해 기도하고 있다고 말하지는 못했다. 친구는 노트북을 도로 가져갔다.

그 후로 몇 년 동안 노트북은 내게 오지 않았다. 나는 마음이 다시 가난해져서, 새것이 아니어도 괜찮다고 여러 번 다짐했다. 신대원에 다닐 때도 노트북이 없었다. 할부로 사고 싶은 마음도 있었지만 하나님의 때를 기다리고 있었다. 하나님은 나의 필요를 이미 알고 계신데 이유가 있어서 기다리라고 하시는 것이다. 아무 노트북이나 괜찮았지만 노트북은 오지 않았다. 신대원 다니는 동안 노트북이 없어서 힘들 때가 있었다. 마음을 정리했다.

'왜 하나님이 노트북을 주시지 않을까? 아마도 컴퓨터가 있는 곳에서만 작업을 하라고 그러시는 걸 거다. 내가 너무 피곤하

니까 집에서는 쉬라는 뜻일 것이다.'

이렇게 생각하니 마음이 편안해졌다. 그 후로도 한참 동안 노트북이 생기지 않았다. 나중에 교회를 개척할 때 한 형제가 한글만 겨우 되는 조그만 노트북을 준다. 감지덕지다. 그 노트북으로 교회 리더들을 훈련시키는 강의안을 모두 만들었다. 몇 달 동안 매주 열 페이지 이상의 글을 써서 강의안을 만들었다. 그즈음 같이 개척하러 온 간사가 신학교에 갔다. 기도하는데 그에게 노트북이 없다는 게 떠오른다. 노트북을 그 간사에게 보냈다. 나는 다시 노트북이 없어졌다.

교회 개척 멤버인 용환이가 네이버에 면접을 보았다. 자신이 없다고 해서 기도를 해주었다. 기도하는데 좋은 마음이 든다. 마음속으로 면접관들이 용환이가 참 좋은 사람인 것 같다고 서로 말하는 것 같다. 그래서 말했다.

"용환아, 합격할 것 같아!"

"아니에요, 욕심을 버렸어요."

"그래, 그래도 계속 기도할게!"

결국 합격했다. 합격 소식만으로도 행복했는데 노트북까지 선물로 사왔다. 진짜 새 노트북이다! 화면은 넓은데 두께는 얇고, 어디서나 무선 인터넷이 잡힌다. 어디 갈 때마다 노트북을 가지고 다니면서 소중히 쓰고 있었다. 그러던 어느 날 교회 지체 중에 선교단체 간사를 만났다. 그가 인터넷 교회 카페에 자주 들어오지 않아서 지나가는 말로 "자주 들어 와서 글도 쓰고 그래!"라고 했더니 노트북이 없어서 피씨방에 가야만 한단다. 마음에 부담이 된다. 결국 오래 버티지 못하고 노트북을 주고 말았다. 돌아오는 길에 전철역에서 허전한 마음이 들었다. 의자에 삼성 노트북 팸플릿이 돌아다닌다. 아쉬운 마음에 집어들고 하나님께 호소한다.

'하나님, 다음번에 노트북을 주시려면 꼭 삼성 센스큐 45로 주세요!'

며칠 뒤 광염교회에서 연락이 왔다.

"형, 노트북 있어요?"

"없어. 왜 사주게? 사줄 거면 삼성 센스큐 45로 해주라."

난 담대하다. 혹 받는 것에 너무 익숙해지고 뻔뻔해진 것은 아닐까? 정말 아버지 것을 받는 것처럼 부담이 없고 행복하다.

"형, 안 돼요. 예산이 백만 원 정도란 말이에요."

"아… 그래? 그럼 아무거나 해줘. 뭐라도 고마워."

나중에 목사 안수를 받는데 선물로 노트북이 왔다. 삼성 센스큐 45이다. 하나님은 나의 아버지이시기에, 나의 필요를 가장 잘 아신다. 아울러 재정이 나의 것이라 해도 내 마음대로 쓰는 것이 아니라 하나님의 허락이 있어야 함을 깨닫는다. 그래야 하나님의 역사를 경험할 수 있다.

능력보다 필요대로

나는 늘 돈이 없었고, 그래서 돈에 민감했다. 결코 돈에 대해서 낙관적이지 못했다. 조금이라도 하나님을 경외함 없이 쓰면 정죄감에 시달렸다. 하나님이 원하시는 대로 잘 써야 하나님이 나를 믿고 주신다는 믿음 때문이었다.

어느 날 사역을 하러 나가는데, 아내의 치마가 못 보던 것이었다. 난 별 생각 없이 말했다.

"여보, 치마가 예쁘네!"

"아, 예….."

아내가 약간 당황하면서 얼버무린다. 저녁에 집에 오니 아내가 초조한 표정으로 조심스럽게 말한다.

"여보, 용서를 구할 일이 있어요."

"무슨 일인데?"

"당신 허락 없이 치마를 샀어요."

"얼만데?"

"삼천 원이요."

난 정말 나쁜 놈이다. 도대체 얼마나 돈에 예민했으면 아내가 3000원짜리 치마를 샀다고 용서를 구하는가. 괜찮다고 아내를 위로하고 지나갔지만 두고두고 마음에 걸렸다.

나와 아내는 늘 재정을 주시는 하나님의 눈치를 살폈다.

'하나님이 원하시는 대로 잘 썼을까? 잘 써야 믿고 많이 맡기실 텐데⋯.'

조금이라도 재정이 마르면 즉각 뒤돌아보았다. 혹 하나님이 원하시지 않는 지출이 있었거나, 하나님이 원하시는 지출을 내 마음대로 제한한 것이 있는지.

2007년 미국에서 시작된 일명 서브프라임 사태(금융 위기)는 정말 우울한 소식이었다. 금융 위기는 모든 사람을 위축시킨다. 대공황이 올 거란다. 아내와 나는 예민해진다. 사람들의 후원과 강의 사역을 통해 재정을 주시기 때문이다. 아내가 가계부를 쓰기 때문에 돈이 얼마나 들어왔는지 자주 물어본다. 예민한 아내는 재정에 대해서 말하려 하지 않는다. 같이 점심을 먹으러 가는데 아내의 얼굴이 무겁다. 버스를 타고 가면서 조용히 물어본다.

"왜? 재정에 대해서 잘못 말하면 하나님이 돈을 주시지 않을까봐 그래요?"

아내는 조금 놀란다. 나는 찬찬히 말한다.

"지난 시간 동안 우리가 하나님 앞에서 재정을 받으면서 하나님의 얼굴을 구한 시간이 있잖아요. 난 하나님이 우리를 아신다고 생각해요. 설사 우리가 돈을 잘못 관리하고 돈에 대해 잘못된 태도를 가졌다 해도 하나님은 우리의 얼굴을 봐주실 것 같아요. 지난 시간 동안 하나님 앞에서 살아온 것을 하나님이 아시니까."

아내가 운다. 버스 창밖을 보면서 연신 눈물을 닦는다. 나는 아내를 위로한다.

"여보, 하나님이 우리를 아서…."

돈은 하나님이 주신다. 내가 일한 만큼 버는 것 같아도 주시는 분은 하나님이시다. 우리가 조금만 하나님을 알게 되면 모든 일이 하나님의 뜻 안에서 이루어진다는 것을, 날아가는 새 한 마리도 하나님의 뜻하심이 없이는 떨어지지 않는다는 것을 알게 된다.

하나님이 돈을 주시는 원칙은 나의 능력이 아니라 필요였다. 내가 캠퍼스에 가서 사역을 어떻게 하느냐가 내게 오는 재정의 분량을 결정하는 것이 아니었다. 학생 몇 명을 돌보든지 간에 재정은 나의 능력을 따라 오는 것이 아니라 나의 필요를 보시는 하나님께서 항상 필요보다 조금 더 넉넉하게 주셨다.

어떤 부모든지 자식에게 용돈을 줄 때 능력만큼 주지는 않을 것이다. 자식의 필요를 미리 알고 그 필요보다 조금 더 준다. 그런 부모의 사랑에 자식은 감동하게 된다. 자식이 부모에게 돈을 매개로 관계를 맺는 것은 불효다. 부모님을 사랑하고 부모가 자식을 귀하게 여김으로써 돈을 주고받는 것이다. 하나님은 우리 아버지이시다. 우리는 돈을 매개로 하나님과 관계를 맺어서는 안 된다. 나의 능력만큼 돈을 받고자 하지 말고 필요만큼 넉넉하게 하나님께 받고자 해야 한다.

어느 수련회에서 기도하고 있는 중이었다. 주제가 하나님 아버지에 대한 것이어서 그랬는지 난 육신의 아버지와의 관계에 대해서 기도하고 있었다. 나를 책임져주지 않았던 아버지를 용서하는 기도를 하는데 하나님께서 조용히 마음을 주신다.

'길아, 난 오래 전부터 너의 아버지였다!'

'아! 그렇습니까?'

난 최근에야 하나님을 만났다고 생각하고 있었는데 하나님은 아주 오래 전부터 나를 보고 계셨던 것이다. 나의 아버지로서…. 그날 하나님은 나의 아버지가 되셨다. 하나님을 진심으로 '아버지'라고 부르게 된 것이다. 물론 그 전에도 하나님 아버지에 대해서 익숙했지만, 눈에 보이지 않는 하나님을 아버지라고 인격적으로 부르게 된 것이다.

너희가 아들이므로 하나님이 그 아들의 영을 우리 마음 가운데 보내사 아빠 아버지라 부르게 하셨느니라 갈 4:6

예수님을 구주로 영접한 사람들의 마음 안에는 성령께서 내주하신다. 우리 마음 안에 계시는 성령 하나님은 우리가 하나님을 아버지로 부를 수 있게 하신다. 예수님은 주기도문을 가르치시면서 이방인들의 기도를 말씀하신다.

> 또 기도할 때에 이방인과 같이 중언부언하지 말라 그들은
> 말을 많이 하여야 들으실 줄 생각하느니라 그러므로 그들
> 을 본받지 말라 구하기 전에 너희에게 있어야 할 것을 하나
> 님 너희 아버지께서 아시느니라 마 6:7,8

> 그러므로 염려하여 이르기를 무엇을 먹을까 무엇을 마실까
> 무엇을 입을까 하지 말라 이는 다 이방인들이 구하는 것이라
> 너희 하늘 아버지께서 이 모든 것이 너희에게 있어야 할 줄
> 을 아시느니라 그런즉 너희는 먼저 그의 나라와 그의 의를
> 구하라 그리하면 이 모든 것을 너희에게 더하시리라 그러므
> 로 내일 일을 위하여 염려하지 말라 내일 일은 내일이 염려
> 할 것이요 한 날의 괴로움은 그 날로 족하니라 마 6:31-34

이방인들은 예수님을 믿지 않기 때문에 하나님이 그들의 아
버지가 아니다. 그래서 그들은 하나님과 아버지와 자녀로서의 인
격적인 관계를 맺지 못함으로써 자신의 필요를 비인격적인 관계
속에서 구하게 된다. 자신이 원하는 것을 얻기 위해 하나님께 무
언가를 해야 한다고 생각한다. 말을 많이 해야 들으실 줄 생각하

고, 하나님의 뜻보다는 자신이 원하는 먹을 것과 입을 것을 구하기 위해 하나님과 관계 맺기를 시도한다. 인격과 인격이 만나서 서로 알아가면서 친밀한 사이가 되는 것이 아니라 원하는 것을 얻기 위한 관계가 되는 것이다. 그것은 전적으로 사람의 책임이다.

하나님은 우리 아버지이시다. 아버지이신 하나님은 나의 필요를 이미 알고 계신다. 그렇기 때문에 우리는 이방인처럼 하나님을 대해서는 안 된다. 하나님을 아버지로 알고 그분과 조건 없이 친밀해져야 한다. 나는 하나님이 나의 필요를 알고 계시는 것을 아주 많이 경험했다. 그렇다면 이제 내가 할 것은 먼저 하나님의 나라와 하나님의 의를 구하는 것이다. 그리고 염려하지 않는 것이다.

염려는 일을 해결하지 못한다. 만일 염려해서 먹을 것과 입을 것이 생긴다면 염려할 것이다. 그러나 염려는 아무것도 주지 않고 오직 믿음을 없애기만 한다. 염려는 하나님보다 먹을 것과 입을 것이 더 중요하다는 것을 증명하는 일이 된다. 사람이 염려를 없애기란 쉽지 않다. 그래서 하나님과 조건 없는 관계를 튼튼하게 맺고 있어야 한다. 우리는 하나님과 조건에 흔들리지 않는 관계, 모든 상황에서 깊이 신뢰하는 관계를 평소에 구축해야 한다.

6장
온전한 인격으로

연약함과의 싸움

나는 틀린 것을 보면 참지 못한다. 본래 화를 잘 내는 데다 의로운 분노가 많아서 나와 상관없는 일이라도 틀린 것을 보면 잘 참지 못한다. 문제는 이런 연약함이 다른 사람들을 힘겹게 만든다는 것이다. 물론 예수님을 인격적으로 만나기 전에는 나에게 그런 기질이 있다는 것조차 몰랐다. 나의 연약함을 문제로 인식하게 된 것은 군대에서 예수님을 인격적으로 만나고 나서였다.

연대군종사병으로 있으면서 다른 사람의 틀린 것에 대해서 참지 못하여 싸우는 일이 다반사였다. 군대 교회 성가대 지휘자 형제가 주일에 가족들이 면회를 왔다고, 나에게 연락도 없이 예배에 오지 않았다. 나는 길길이 날뛰면서 그 형제에게 한판 붙자고 성질을 냈다. 다른 군종사병들은 나의 이런 모습에 어이가 없다는 표정이었다.

한번은 이런 일도 있었다. 중대군종병이었던 형제가 특별히 나를 어려워해서 거의 대화를 하지 않았다. 난 개의치 않았다. 그런데 어느 날부터 그 형제가 잘 도와주길래 이상해서 물었다.

"전에는 나를 피하더니 이제는 왜 도와줍니까?"

"솔직히 힘들어서 피했는데 어느 순간 보니 하나님께서 김길 형제를 도와주고 계셔서 저도 돕게 되었습니다."

이런 말을 듣고 난 겸손했는가. 아니다. 형제의 성숙함과 하나님의 간절함을 알지 못한 채 나를 도우시는 하나님만 생각했다. 도대체 앞뒤가 없는 사람이었다. 별명이 역대 가장 악독한 군종병이었으니….

어느 주말이었다. 잠깐 내무반에 올라갔는데 후임병들이 텔레비전을 보고 있어서 나도 그들 옆에 앉았다. 잠시 재밌게 보다가 주위를 보니 나 혼자다. 다들 어디 갔나 하고 돌아보니 옆 내무반에 모여서 텔레비전을 보고 있다. 교회로 내려오는 동안 마음이 힘들었다.

전역 후 교회생활을 하는 동안 미국 유학을 준비하던 목사님 아들을 만났다. 길준이 형이라고 모든 청년들이 좋아한다. 부드럽고 겸손하다. 특별히 무어라 말하지 않는데도 모두가 좋아한다. 나도 그 형제가 좋다. 아버지를 존경하고 사랑하는 그는 아버지를 닮아 있다. 부럽다. 나도 그러고 싶은데…. 난 비로소 내게 없는 것이 무엇인지 깨달았다. 벌거벗은 나를 보게 된 것이다.

어느 날인가 길준이 형과 농구를 하고 같이 떡볶이를 먹게 되었다. 몇 번 떡볶이를 같이 먹었는데 그때마다 삶은 계란을 내가 먹었다. 나는 음식이 앞에 있으면 같이 있는 사람들이 눈에 들어오지 않는다. 오직 음식만 보인다. 그날도 별 생각 없이 삶은 계란을 먹다가 무심코 형에게 말했다.

"형은 왜 삶은 계란을 안 먹어요?"

"응, 너 먹으라고."

순간 손에 들고 있던 떡볶이를 집어던지고 싶었다. 나는 늘 다른 사람의 틀린 것만 지적하고 그들을 배려하는 마음은 없었다.

'이렇게 해서 어떻게 하나님의 일을 한단 말인가?'

새벽마다 눈물이 났다. 서러웠다.

'하나님, 부모의 사랑을 받아야 남을 사랑할 수 있다는데 저는 누구의 사랑이나 용납을 받아본 적이 없습니다. 그런 제가 어떻게 사역을 하겠습니까. 하나님께서 나의 아버지시니 사랑을 부어주십시오. 제 안에 선한 것이 없습니다.'

손해보는 훈련

남의 틀린 것을 참지 못하는 연약함은 오랜 시간 동안 나를 괴롭혔다. 특별히 버스나 택시를 타면 그 연약함이 첨예하게 드러났다. 하루는 가족이 함께 버스를 타는데 기사가 유치원생이라도 아이가 둘이니까 성인 요금을 내야 한다고 했다. 유치원 아이를 부모가 한 명씩 데리고 타면 공짜 아니냐고 따졌다. 실랑이를 벌이다가 결국 요금을 냈다. 아내는 이런 나를 비교적 잘 이해해준다. 아내도 분명한 것을 좋아하기 때문이다. 그러나 아이들은 힘들어한다. 나의 마음을 주장하시는 하나님도 무언가 불편하신 듯하다. 그래도 난 타협이 없다.

한번은 아내와 아들이 소아신경정신과에 가 있는 동안에 딸과 함께 도너츠 가게에서 기다렸다. 핫초코를 주문하고 쿠폰에 도장을 찍어달랬더니 커피를 주문하지 않았기 때문에 안 된단다.

'어제는 분명 찍어주었는데 오늘은 안 되다니….'

네 살짜리 딸을 윗층으로 올려보내고 나는 점원과 실랑이를 벌인다. 어느 순간 딸이 내려와서 나를 보고 운다. 마음이 무너진다.

"아빠는 문제가 많아."

아내가 딸에게 내가 왜 그랬는지 설명하고 내 편을 들어준 뒤에야 딸의 표정이 풀린다. 정말 마음이 찜찜하다. 그때 알았어야 했다. 그것이 훈련이라는 것을…. 하지만 하나님께서 그렇게 자주 가르치시는 데도 나는 깨닫지 못하고 있었다.

여의도에 있는 청년들에게 말씀을 전하러 갈 때였다. 대방역에서 내려 61번 버스를 탔다. 환승했는데 버스가 가지 않는다. 왜 버스가 가지 않느냐고 물었더니 기름이 새서 그렇단다.

'진즉 말하지. 설교 시간 다 돼가는데….'

카드를 찍고 내리는데 100원이 떨어진다. 기사에게 100원을 달라고 했다. 기사는 서울시에 가서 받으란다. 그동안 쌓였던 감정이 한꺼번에 폭발했다. 이번에는 정말 명백했기 때문이다. 100원 내놓으라고 고래고래 소리를 질렀다. 지나가던 아저씨가 올라와서 동전을 주면서 말한다.

"싸우지 마세요."

나는 돈을 돌려주고 계속 싸운다. 결국 100원을 받아내고는, 보란듯이 동전을 버스 앞에 던지고 나서 달려간다. 난 미쳤다. 설교를 어떻게 했는지 모르겠다. 돌아오는 버스 속에서 난 하나님의 눈길을 피하고 있었다. 한참 후 마음에서 한 음성이 들려온다.

'길아, 어떻게 하려고 그러냐.'

난 속으로 대답한다.

'그러게요….'

'앞으로는 기사가 달라는 대로 주고, 택시를 타면 남는 요금은 헌금해라. 더 많은 돈도 헌금하면서 그것도 헌금 못 하겠니?'

'예, 알겠습니다.'

그 후로는 버스나 택시를 타면 달라는 대로 주고, 남은 돈은 헌금했다. 물론 3100원이 나오면 쉽지 않다. 그래도 순종한다. 2500원 나오면 3000원 드리고, 때로 멀리 갈 때 9000원이 나오면 10000원을 드릴 때도 있다. 심지어 나중에는 기사를 위해 기도하기도 했다. 손해보지 않겠다는 것, 이유 없는 손해를 끔찍히 싫어하는 것은 십자가 정신에 위배되는 일이다.

하나님은 나에게 손해보는 법을 가르치는 데 많은 시간을 사용하셔야 했다. 오랜 시간 동안 가르치셨어도 나는 참지 못하고 미친 듯이 싸우거나, 인간성의 바닥이 나오기 전에는 순종하지 않았다. 삶의 모든 영역에서 수술이 진행되고 있었고, 머리털이 빠질 것 같은 훈련들이 날마다 계속되었다.

서로의 연약함이 부딪칠 때

아내와 연애할 때 가장 많이 싸운 것이 시간 문제였다. 아내는 신실한 사람이다. 한번 결정하면 변함이 없다. 반면에 다른 사람의 필요에 민감하지 못한 약점이 있다. 난 다른 사람의 필요는 민감하게 알아내지만 틀린 것을 보면 참지 못한다. 우리의 연약함은 시간 문제에서 많이 부딪쳤다.

나는 약속 시간을 정하면 비교적 잘 지키는 편이다. 시간이 지켜지지 않으면 스트레스를 많이 받는다. 보통 약속을 하면 먼저 가서 기다리는 사람은 항상 나다. 아내는 가끔 늦게 온다. 한 시간을 기다릴 때도 있는데 그러면 아내가 오기 전에 난 이미 삐쳐있다. 아내가 도착하자마자 난 화를 꾹 참고 물어본다.

"왜 늦었어요?"

"길이 막혀서요."

간단한 대답에 난 분을 터트리고 만다.

"아니, 그걸 말이라고 해요?"

"길이 막힌 걸 나보고 어떻게 하라는 거예요?"

참고 기다린 나를 위로해주기 바랐는데, 아내는 그런 나를 이해하지 못했다.

관계 속에서의 갈등은 대부분 연약함이 부딪칠 때 일어난다. 어느 한쪽이 연약함에 대해서 훈련되어 있어서 상대방을 배려할 수 있다면 부딪치지 않는다. 그러나 서로의 연약함이 부딪치기 때문에 싸우는 것이다.

우리의 내면은 아프다. 그리고 왜곡되어 있다. 하나님은 우리 내면의 연약하고 아픈 것을 고치신다. 그것은 즉각적인 아픔일 수도 있고, 오랜 기간 동안 형성된 마음의 잘못된 구조로 인해 계속해서 아프게 하는 것일 수도 있다. 그런 연약함은 다른 사람도 아프게 한다. 따라서 우리의 연약함은 반드시 만져져야 한다.

연약함이 드러날 때마다 나의 연약함을 짊어지신 예수님께 들고 나가야 한다. 예수님은 고치실 수 있다. 연약함이 모두 고쳐져서 완벽한 사람이 되는 것은 아니더라도 연약함 때문에 다른 사람이 실족하지 않도록 보완할 필요가 있다.

이와 같이 성령도 우리의 연약함을 도우시나니 우리는 마땅히 기도할 바를 알지 못하나 오직 성령이 말할 수 없는 탄식으로 우리를 위하여 친히 간구하시느니라 롬 8:26

여기서 '연약함'은 영어로 'sickness(아픔, 건강하지 못함)' 혹은 'infirmity(병약함)'이다. 우리 마음 안에 있는 연약함이다. 우리가 가지고 있는 내면의 약점들이다. 성령께서는 우리의 연약함을 보시면서 기도하고 계신다.

우리는 연약함이 드러날 때마다 방어하거나, 변명하거나, 다른 사람 탓하지 말고 정직하게 다뤄야 한다. 분명한 연약함도 있지만 세밀하고 잘 드러나지 않는 깊은 연약함도 있다. 사람을 만나는 것이 특히 힘든 사람은 혼자 있을 때는 문제가 없지만 가족을 이루거나 지도자가 되었을 때는 다른 사람을 힘들게 할 수도 있다. 구성원들이 지도자와 시간을 보내고 싶어 하는데 지도자가 사람 만나는 것을 힘들어 하면 문제가 된다.

내면의 연약함을 다 알 수 없다. 그러나 관계 속에서 일을 하면서 문제가 느껴지면 자신의 연약함을 살펴서 예수님의 기준으로 교정할 필요가 있다. 자신의 연약함에 좌절하고, 훈련해본 사람이 다른 사람들을 도울 수 있고, 공동체를 이끄는 지도자가 될 수 있기 때문이다.

다른 사람의 연약함을 돕기 위해

공동체에서 관계에 문제가 있다는 건 우리의 내면에 몇 가지 문제가 있다는 뜻이다.

첫 번째로 그리스도의 몸(공동체)이 무엇인지 아직 눈을 뜨지 못했다는 것이다. 그리스도의 몸은 성령 안에서 그 마음이 하나로 연결된 몸이다. 그런데 공동체의 누군가를 어려워한다는 것은 자신이 그 사람을 어려워함으로써 몸의 하나됨이 깨어지고 원수가 활개치며, 성령께서 역사하실 수 있는 근거를 깨뜨린다는 것을 알지 못하기 때문이다. 아직 그리스도의 몸이 무엇인지 느끼지 못하고 그것이 공동체를 얼마나 어렵게 하는 것인지 모르기 때문에 자신의 마음대로 다른 사람을 어려워하고 판단하는 것이다. 그런 사람은 당연히 그리스도의 몸의 지도자가 되지 못한다.

두 번째로 누군가를 어려워한다는 것은 그 사람의 연약함이 자신 안에서 아직 소화되지 않았기 때문이다. 내면이 정리되고 성숙한 사람은 다른 사람의 연약함 때문에 자신이 무너지지 않는다. 예수님이 바리새인, 제사장, 군병, 강도들의 공격에 대해서 보복하지 않으신 것은 안정된 내면이 구축되어 있기 때문이었다. 베드로 사도는 예수님에 대해서 "욕을 당하시되 맞대어 욕하지 아니하시고 고난을 당하시되 위협하지 아니하시고 오직 공의로 심판하시는 이에게 부탁하시며"(벧전 2:23)라고 말한다.

어떤 사람을 만나도 판단이 들어오지 않아야 비로소 나의 내면이 정리된 것이다. 조금만 내 마음에 맞지 않으면 금방 판단이 들어오는 것은 아직 속사람이 연약하며, 교만하다는 증거이다. 더군다나 다른 사람의 연약함을 보고서 돕지 못하고 도리어 판단한다면 아무도 그 사람을 통해 변화되지 않을 것이다.

세 번째로 자신의 내면의 문제에 대해서 아직 죽지 않았다는 것이다. 자신의 내면의 문제들을 보고 탄식하면서 선한 것이 없는 줄 알고 오직 은혜에만 자신을 맡긴 사람은 다른 사람이 어렵지 않다. 사람은 다 그렇다는 것을 알고, 그래서 은혜가 필요하다는 것을 알기 때문이다.

사람을 향해서 지나친 기대가 있고 그 기대가 만족되지 못했을 때 실망하는 사람은 자신의 의로움으로 무언가 할 수 있다는 생각을 가지고 있기 마련이다. 자신이 의롭기 때문에 남이 눈에 들어오는 것이다. 자신이 의롭지 않은 사람, 자신의 한계를 깊이 절감하는 사람은 남에게나 자신을 향해서도 헛된 기대나, 만족이나, 낙담이 없다. 나는 안 되고 예수님만 된다는 것을 확실히 알고 있기 때문이다.

예수님의 제자가 된다는 것은 다른 사람의 연약함에 대하여 판단하는 마음이 죽은 것이다. 예수님은 우리를 '사람을 낚는 어부'로 부르셨다. 사람을 낚는 어부가 다른 사람을 판단한다면 사람을 낚을 수 없다. 다른 사람의 연약함을 판단하지 않는 수준에서 멈추지 않고 타인의 연약함을 볼 때마다 돕고자 하는 마음이 일어나야 한다. 다른 사람의 연약함에 헌신하는 것이 바로 사역이다.

자신의 연약함을 다루는 방식을 알고 있는 사람이 다른 사람의 연약함도 도울 수 있다. 이미 자신이 연약함에 대해서 싸우고 있기 때문에 다른 사람의 연약함이 익숙한 것이다. 다른 사람의 연약함에 대해서 긍휼한 마음이 들 때, 자신이 어떻게 연약함과 싸웠는지 정직하게 나누면 그도 고마워하고 배우고자 할 것이다.

훈련의 동기

자신의 삶에 생긴 어려운 문제 때문에 신앙생활을 하고, 훈련을 받고, 예수님을 찾을 수 있다. 가정 문제, 관계의 문제, 직장의 문제들이 예수님을 찾는 동기가 될 수 있다. 혹은 자신이 원하지 않는 자신의 모습들을 개선하기 위해 훈련받을 수 있다. 지도력이 필요하다든가, 사람들에게 좀 더 환영을 받는 사람이 된다든가, 죄 혹은 연약함을 이기고 싶다든가. 이도 저도 아닌 동기로 신앙생활을 할 수도 있다.

그러나 우리는 온전한 동기로 마음이 쇄신되어야 한다. 하나님이 주신 동기로 새롭게 되어야 한다. 하나님을 기쁘시게 하는 삶, 다른 사람을 기쁘게 하는 삶을 살기 위하여 훈련해야 한다. 많은 이들이 훈련의 동기가 자신 안에 있다보니 문제가 해결되면 훈련도 끝나는 줄 안다. 본래 훈련이나 신앙생활은 하나님을 사랑하고 이웃을 사랑하는 것에 초점이 있다.

하나님을 사랑하고 다른 사람을 위해 희생할 줄 아는 사람을 만들자고 훈련을 하는 것인데 훈련만 좋아한다. 훈련하면 자신이 좋아지는 면이 반드시 있기 때문이다. 그런 사람들은 변화된 자신을 대견해하면서 훈련을 멈춘다. 하지만 언젠가 다시 어려워진다. 평생 하나님과 다른 사람을 위해 무언가를 할 수 있는 사람이 되지 못한다. 훈련 그 자체가 목적이 아님을 알아야 한다.

지금까지 살아오면서 하나님의 뜻을 목숨 걸고 행해서 하나님을 기쁘시게 한 적이 있는지 그리고 다른 사람들이 나의 희생으로 말미암아 좋아진 적이 있는지 살펴보아야 한다. 혹 그런 것들이 없으면 훈련이 시작도 되지 않았다는 것을 알아야 한다. 훈련이 되지 않으면 영향력도 없고 기적도 일어나지 않는다. 다른 사람을 위해 목숨을 버려야 하나님께서 사랑하신다. 그것 때문에 훈련을 하는 것이다.

　나는 영어를 잘하고 싶었다. 새벽마다 기도하면서 영어를 공부했으나 별 진전이 없었다. 어느 날인가 간절히 기도했다.

　'하나님, 영어 좀 잘하게 해주세요.'

　하나님께서 조용히 물어보신다.

　'길아, 왜 영어를 잘해야 되냐?'

　얼른 할 말이 떠오르지 않는다.

　'내가 영어를 잘해야 하는 이유가 뭘까?'

　신대원 가려 해도 필요하고, 대한민국에서 살자면 당연히 영어가 필요하다고 생각했다. 하지만 온전한 동기는 아니었다. 이 질문은 마음속에서 떠나지 않았다.

　'왜 영어를 잘해야 할까?'

　나의 내면을 살피던 중 놀라운 것을 발견했다. 더 좋은 대학에 가지 못한 콤플렉스를 영어 잘하는 것으로 해결하고 싶어 했다. 나도 모르는 나의 생각이었다. 하나님은 이것을 보시고 질문하신 것이었다. 당황스럽다.

　'아… 나는 이제 영어는 평생 못하겠구나. 이렇게 잘못된 동기로 영어를 공부했으니 하나님이 도우실 리 없겠지.'

　그런데 하나님이 마음에 계속해서 생각을 주신다. 동기를 바꾸면 된다는 것이다. 조금 이상하다. 내 스스로 동기를 바꾼다는 것이 장난하는 것 같다. 그래도 성실하게 마음을 살피고 동기를 바꾼다. 왜 영어를 잘해야 하는지 일주일 동안 고민한 끝에 내린 결론은 나 자신을 위해 영어를 사용하지 않겠다는 것이다. 적어도 나 잘되자고 도와달라고 하는 것은 하나님과 맞지 않다는 생각이 들었다.

그때부터 영어로 복음을 전할 수 있게 해달라고 기도했다. 하나님은 영어성경을 묵상하라는 마음을 주셨다. 그때부터 영어성경을 묵상했고, 몇 년에 걸쳐 결국 영어성경으로 일독을 했다. 좋은 일이라도 나의 동기는 하나님이 원하시는 동기로 바뀌어야 한다.

십자가를 배우는 시간

우리가 하나님께 훈련받을 때 스스로 훈련 과목을 알아내야 하는 경우가 많다. 나를 힘들게 하는 상황이 반복되고 있는가? 그렇다면 바로 지금이 훈련 상황임을 알아야 한다. 훈련은 아직 다루어지지 않는 나의 내면의 연약함에 집중되기 때문이다. 이미 잘하고 있는 부분을 훈련하지는 않는다. 잘 안 되는 부분을 훈련하기 때문에 훈련을 통과하기가 쉽지 않다. 그래서 훈련은 넘어짐의 반복이다.

훈련받다가 넘어졌을 때는 우선 정직해야 한다. 어디서부터,

어떻게 넘어졌는지 살펴보고 그 자리로 돌아가서 정직하게 자신이 어떻게 마음을 먹고 어떤 행동을 했는지 보아야 한다. 그리고 기다려야 한다. 얼른 일어나려고 해서는 안 된다. 배울 것을 배우고 깊이 깨닫고 다시 넘어지지 않을 정도의 개념을 분명하게 잡기 전까지 기다려야 한다.

마지막으로 어떻게 넘어졌고, 어떤 것을 배웠는지 잘 정리해야 한다. 말씀과 기도로 정리해놓으면 더 좋다. 나중에 누군가를 도울 수 있기 때문이다.

영(靈)이신 하나님께서 우리를 훈련시키시기 때문에 우리의 영은 늘 하나님께 집중되어야 한다. 훈련 상황인 줄 모르면 상황에 대해 잘못 반응함으로써 일도 힘들어지고, 훈련도 지체되며, 당연히 하나님과의 관계도 어려워진다. 상황은 달라도 나를 어렵게 하는 일, 즉 나의 내면의 연약함을 건드리는 내용이 같다면 훈련 상황이다. 나를 힘들게 하는 사람이 바뀌는데 나를 어렵게 하는 부분이 매번 같다면 백퍼센트 그것은 훈련이다.

훈련이 시작되면 반드시 취해야 할 태도가 있다. 왜 이런 일이 생겼냐고 어려워하며 훈련을 거부하면 안 된다. 훈련을 받아들여야 한다. 이 훈련을 통하여 무엇을 배울 것인가에 집중해야 한다. 조이 도우슨이 《하나님을 경외하는 마음》에서 말해주듯이 "하나님, 제가 이 일을 통하여 무엇을 배워야 할까요?" 하고 질문해야 한다. 그렇게 되면 훈련 과목이 분명해진다. 무엇을 배워야 하는지가 분명해지고, 배울 것을 배우면 훈련은 종료된다. 훈련을 거부하면 나중에 더 어려운 상황에서 동일한 과목을 훈련해야 함으로 반드시 처음에 마음을 강하게 먹고 훈련을 통과해야 한다.

직장생활 6년 동안 회사를 네 번이나 옮긴 자매가 있었다. 처음 취직했던 직장에서 학연 때문에 차별을 받았다. 남들이 하기 싫어하는 일들이 출신 학교가 다른 이 친구에게 맡겨졌다. 자매는 결국 직장을 그만두었다. 그즈음에 우리 교회를 찾아왔고, 나는 자매가 회복되도록 도왔다.

물론 그 직장 상사가 나쁜 사람일 수 있다. 중요한 것은 그 사람이 아니라 나 자신이다. 난 훈련을 받아야 한다. 직장을 옮긴다고 해서 불공정하게 차별대우하는 사람이 없어지는 것이 아니다. 그런 사람이 생길 때마다 일을 그만둔다면 정상적인 삶은 불가능하다.

그런 사람이 내 앞에 자주 나타나는 것은 무슨 뜻인가? 내가 손해보는 훈련을 해야 하는 상황이라는 것이다. 십자가를 지는 법을 배우는 시간이다. 훈련은 고난과 조금 비슷하다. 내가 잘못한 것이 없는데 어려움에 빠지는 경우가 많다. 그 어려움을 벗어버리고자 하면 훈련은 중단된다. 그리고 그 한계를 벗어나지 못하면 하나님의 역사를 일으키지 못한다.

그러나 훈련을 받아들이고 통과하면 전보다 더 영향력 있는 사람이 된다. 하나님은 우리가 관계의 한계를 넘어서서 영향력을 미치는 사람이 되게 하시려고 우리를 훈련시키신다. 하나님이 행하시는 훈련은 한편으로는 죄와 치열하게 싸워 승리하게 하는 것이며, 또 한편으로는 하나님의 일꾼으로 준비되는 것이다.

또 그의 종 다윗을 택하시되 양의 우리에서 취하시며 젖 양을 지키는 중에서 그들을 이끌어 내사 그의 백성인 야곱, 그의 소유인 이스라엘을 기르게 하셨더니 이에 그가 그들을 자기 마음의 완전함으로 기르고 그의 손의 능숙함으로 그들을 지도하였도다 시 78:70-72

마음이 완전하고(integrity), 손이 능숙해지는(skillful) 훈련이 진행되는 것이다. 능숙해지고만 싶은 나를 하나님은 먼저 완전하고 온전한 사람이 되도록 이끄셨다. 그렇게 훈련하다보면 어느새 사역은 하나님의 손 안에서 진행되곤 했다. 그렇게 하나님은 나를 훈련시키시면서 당신의 사역을 계속 진행하셨다.

사명을 주시다

'너를 위해 준비한 교회가 있다.
너랑 꼭 하고 싶은 교회가 있단다.'
난 비로소 마음을 놓는다.
하나님이 원하시는 교회가 있고,
그것을 나를 통해서 하시고 싶다는 것이다.
그냥 좋은 교회가 아니라
하나님이 가지신 분명한 목적을 이룰,
그분의 섬세한 손길이 느껴지는 교회를
세우시기 원하신다는 것을 알기 때문이다.

7장
모든 것을 맡기다

하나님이 주신 비전

1996년 여름, 나는 총신대 신대원에 복학하지 않기로 결정했다. 장래를 어떻게 해야 할지 막막하고 힘겨운 상황이었다. 게다가 살고 있던 광주 공동생활 집은 정말 더웠고, 모기가 참 많았다.

어느 날, 공동생활 집에 혼자 있는데 하나님께서 말씀하신다. 햇살이 뜨겁게 비추는 계단에 앉아서 묵상하고, 기도하다가 비전을 받는다. 그것은 바로 '선교적 관점의 교회 개척'이었다. 예수님의 지상명령을 성취하는 것이 제자들의 사명이고 교회의 사명이라는 마음을 주신다. 노트에다 받은 비전들을 기록하기 시작했다. 가슴이 뛰었다.

조선 땅에 처음 들어온 선교사들이 만약 조선 사람들이 나중에 선교사가 될 것을 알았다면 교회 개척 방향이 달라졌을 것이다. 본래 교회는 선교하기 위해 세워지는 것이다. 로렌 커닝햄이 쓴 《열방을 변화시키는 하나님의 책》이라는 책에서 이와 비슷한 내용을 보게 되었다.

선교사들이 현지인들을 의존적인 존재로 바라보는 태도는 그 뿌리가 깊다. 나는 1961년에 나이지리아에서 열린 청소년 집회에서 그들도 선교사로 나가야 한다고 설교했는데, 설교를 마친 후 한 선교사가 나를 꾸짖었다.
"하나님은 아프리카 사람이 선교사가 되는 것을 원하지 않으십니다. 우리가 선교사이고, 그들은 원주민일 뿐입니다."
나는 그 말에 너무 놀랐고, 이렇게 대답했다.
"그들도 우리와 동일한 성경을 믿지 않습니까?"

나는 이후 광주에서 서울로 올라왔다. 그리고 자매와 함께 주일이면 서울의 한 대형교회에 출석했다. 모든 것이 좋았지만 자매가 특별히 담임목사님의 설교를 좋아했다. 그 교회에서 예배를 드리면서 교회 개척을 꼭 해야 하는 것인지 잘 모르겠다는 마음이 들었다. 내가 꿈꾸던 교회가 바로 거기 있었다.

'더없이 좋은 모델이 있는데 왜 또 교회를 개척해야 할까…'

예배당이나 예배 순서, 설교, 교회 분위기에 감동하고 있을 때 하나님은 조용히 물으셨다.

'길아, 이 교회가 좋아 보이냐?'

'예, 정말 크고 좋아 보입니다.'

'난 선교지에 있는 이름 없는 선교사 한 명을 더 크게 본다.'

'아… 그렇습니까?'

늘 내 생각과 하나님의 생각은 달랐다. 사실 나는 그때 교회 개척보다 좋은 교회에서 사역을 하고 싶다는 생각이 더 간절했다.

사역을 배우다

그즈음 나는 수원, 천안, 청주를 돌아다니면서 캠퍼스에서 예전단을 개척하고 있었다. 개척은 쉽지 않았다. 캠퍼스에 들어갈 때부터 정체성에 대한 공격을 받는다. 학교 입구에 있는 '잡상인 출입금지' 같은 팻말에 신경이 쓰인다. 학생도, 교수도, 교직원도 아닌데 왜 캠퍼스에 오는가. '간사님'이라고 불러주는 학생들이 있으면 그래도 체면이 선다. 그러나 당시 나는 자신을 스스로 지키는 것 말고는 방법이 없었다.

처음부터 개척을 하고 싶었던 것은 아니었다. 사실 좋은 캠퍼스에 가고 싶었다. 좋은 캠퍼스는 최소 스무 명의 학생들과 간사를 이해하는 리더들이 간사에게 차비라도 헌금할 수 있는 캠퍼스를 말한다. 한번은 간절하게 이렇게 기도한 적이 있다.

'하나님, 이제 조금 큰 캠퍼스에 가서 사역을 하면 안 되겠습니까?'

그러나 나에게는 계속 개척하는 일만 주어졌다. 그 후로는 좋은 캠퍼스를 맡고 싶다고 기도하지 않았다. 수원을 돌아다니면서 개척하고 있던 어느 날, 천안 나사렛대 신입생 몇 명이 나를 찾아왔다.

"예수전도단에서 훈련받고 싶은데 저희 캠퍼스에는 없어요."

"그럼 다음 주부터 내가 갈게."

"정말요?"

나는 천안에 내려가 몇 명의 학생들과 성경공부를 시작했다. 이미 기다리는 사람들이 많아서 금방 개척이 되었다. 그 다음 학기에는 청주 교원대에서 학생 한 명이 올라왔다. 곧바로 교원대, 청주대, 충북대를 개척하러 갔다.

개척자는 외로움을 이기는 것이 중요하다. 캠퍼스에 혼자 있는 동안 외로워하거나 자존감이 무너지지 않고 그 땅을 사랑하고 즐기는 시간이 필요하다. 사역자로서 캠퍼스를 사랑하지 않고는 사역을 할 수 없기 때문이다. 개척자는 그곳에 사는 사람보다 그 땅을 더 사랑해야 한다. 사랑으로 미치지 않고는 사역할 수 없다.

사역을 하기 위해서 미치는 것이 아니라 그 땅을 정말로 즐기는 것이다. 모든 일이 다 그렇지만 즐기는 것보다 강한 것은 없다.

나는 캠퍼스에 가면 일단 학생식당이나 분식점을 찾는다. 모든 학교에는 반드시 맛집이 있다. 그 맛집은 학생들의 입맛을 만족시켜 살아남은 집인데, 보통은 값이 저렴하고 양은 풍성하며 맛도 괜찮다. 음식이 맛있으면 호감도가 급상승한다. 나중에는 캠퍼스에 가는 것이 아니라 그 맛을 보러 간다고 생각해도 좋다.

다음에는 도서관에 간다. 지금이야 인터넷이 흔하지만 당시만 해도 쉽게 이용할 수 없었다. 학교 도서관은 항상 인터넷이 가능하다. 여름엔 시원하고, 겨울엔 따뜻한 도서관은 그야말로 쉬기에 안성맞춤이다. 읽고 싶은 책들이 널려 있고 조용하다. 도서관에서 성경을 읽거나, 열람실에 가서 잡지를 읽는다. 물론 신문도 마음껏 읽는다.

가끔 호사스럽게 자판기 커피도 한 잔 한다. 정 피곤하면 열람실에서 잠깐 잔다. 심심하면 캠퍼스에 나가서 기도한다. 보통 캠퍼스들은 운동장이 넓고 좋다. 천천히 걸으면서 기도하면 마음이 시원해진다. 시간이 남으면 학생들 농구 시합에 끼어서 같이 한 게임 하는 것도 좋은 방법이다.

이렇게 캠퍼스를 조사하다보면 기도를 깊이 하기도 전에 늘 학생들이 연결되었다. 처음 연결된 학생들은 보통 지도자가 된다.

하나님이 보내신 사람인 것이다. 처음 만난 학생과 즐겁게 지내야 한다. 학생 한두 명과 같이 캠퍼스에서 즐겁게 시간을 보내는 것이 향후 사역을 결정하기 때문이다. 혼자 있을 때도 즐거워야 하고, 같이 있을 때는 더 즐거워야 한다. 그러면 반드시 처음 연결된 학생이 다른 학생을 데려온다.

처음에는 사람을 기다리고 초조해했지만 늘 하나님께서 사람을 보내시는 것을 보고 내 마음대로 사람을 선택하면 안 되겠다는 생각을 하게 되었다. 서두르지 않고 하나님의 때를 기다리며 하나님이 보내시는 사람과 즐거운 시간을 보내는 것이 사역임을 배웠다. 서두르면 하나님의 계획을 방해하게 된다. 하나님은 그분의 일을 주도적으로 행하신다.

하나님, 나는 실패했습니다

캠퍼스 사역을 정리하기로 하고 한 학기를 남겨두고 있었던 2000년 여름, 갑작스럽게 선교한국 대회준비위원장으로 섬기게 되었다. 교회 개척을 하겠다고 마음의 각오를 단단히 하는 중에 일을 맡게 된 것이다.

해보지 않던 일은 힘들었다. 하지만 그곳에서 나는 조국교회를 섬기기 위해 배워야 할 한 가지를 알게 되었다. 바로 '연합'이었다. 연합은 말처럼 낭만적이지 않다. 쉽지도 않고 노력에 비해 큰 성취를 할 수 있는 것도 아니다. 그럼에도 연합은 예수님의 명령이기에 나는 이 기간 동안 연합의 방법과 정신을 배워야 했다.

선교한국이 끝나고, 예전단 사역도 끝났다. 아픈 몸을 이끌고 아내와 아이 둘을 데리고 공동생활 집을 나왔다. 그해 연말부터 본격적으로 교회 개척을 준비했다. 몇몇 사람들과 같이 교회를 개척하자고 약속했고, 양재동에 있는 복지관 강의실을 빌려서 주말마다 모였다. 그런데 왠지 모르게 마음이 불안했다. 그러던 어느 날 개척 멤버인 형제가 함께할 수 없다는 메일을 보내왔다. 이유는 정확하지 않았다. 어렵고 불안한 마음으로 다른 리더에게 전화를 했다.

"형! 저 전도사로 임명돼버렸어요."

"아, 그래 잘됐구나."

더 이상 뭐라고 할 말이 없다. 나와 같이 교회 개척을 하는 걸 어려워했던 한 형제도 떠났다. 이 모든 일이 이틀 사이에 일어났다. 남아 있던 몇몇 형제들은 계속하자고 했지만 무언가 하나님의 뜻이 있을 거라는 생각이 들어서 일단 헤어지기로 했다.

난 다시 혼자가 되었다. 기도도 나오지 않고 막막했다. 쌀은 떨어지고, 아이는 아프고, 나는 집에 있었다. 예배를 드리는데 눈물이 난다.

'하나님, 나는 실패했습니다.'

'길아, 넌 실패하지 않았다.'

담담하게 들려주시는 음성에 더 이상 눈물은 나오지 않았지만 어쨌든 난 혼자였다. 할 일도 없었다. 집 앞에 있는 수원 성균관대에 가서 농구하고 도서관 가서 책 읽는 것이 전부였다.

하루는 집에서 놀고 있는데 전화가 왔다. 부산 DTS에 강의하러 와달라는 것이다. 보통 DTS 강사는 예수전도단 초창기 멤버이거나, 현재 리더이거나, 내적치유나 재정 등 전문 분야가 있는 사람들이 초청된다. 나는 이런 조건 중 어느 것에도 해당되는 사람이 아니었다. 더군다나 간사를 그만뒀는데 강의하러 오라니….

무슨 강의를 했는지 정확하지 않다. 그냥 하나님 앞에서 배운 내용을 이야기했다. 이후 부산 직장인 DTS에서 강의를 했다. 점점 많은 DTS에서 강의를 부탁했다. 때마침 희곤이 형이 강의 테이프를 들었다고 하면서 모든 DTS에 가서 강의를 해달라고 했다.

흔들리는 마음

함께 개척하기로 했던 멤버들이 떠났지만, 그래도 꾸준히 만나는 두 사람이 있었다. 아주대 학생 때부터 돌보았던 윤성이와 안양대 학생 때부터 만났던 인혜였다. 강의하고 가끔 윤성이와 인혜를 만나는 것이 내가 할 수 있는 일이었다.

윤성이는 휴대전화를 만드는 회사에 취직해서 열심히 일을 배우는 중이었고, 인혜는 간사를 그만두고 상담학교를 다녀와서 교회 전도사로 섬기고 있는 중이었다.

이 두 사람을 멘토하는 게 내 사역의 전부였다. 언제 어떻게 교회가 다시 개척될지 알 수 없었다. 스물일곱 살에 비전을 받고 달려왔는데 선교적 관점의 교회 개척이 정말 내 비전인지 알 수 없었다. 하나님이 주신 비전이 아니라 혹 내가 큰 교회 담임목사가 되고 싶어서 만들어낸 것은 아닌가 싶기도 했다. 돌이켜 생각해보면 비전이 연단되는 시간이었는데 나는 몇 년을 고민할 정도로 심각했다.

'정말 하나님이 주신 것이고, 하나님이 원하시는 것인가? 혹 내 욕심으로 꿈꾸었던 일은 아닌가?'

계속 기도하고 고민하면서 내린 결론은 비전이 확실하다는 것이었다. 내 인생은 이것이 아니면 할 수 있는 일도 없고, 하고 싶은 일도 없다는 결론이 났다. 하나님께서 계속 흔들리지 않는 확신을 주신 것은 아니었다. 아무런 결과물이 나오지 않는다 해도 난 이 일을 해야만 하고, 하고 싶다는 뜨거운 마음이 불같이 일었다. 그래서 비전이었다.

그러나 하나님은 말씀이 없으셨다. 교회 개척은 어려운 것이어서 하겠다는 사람만 있으면 적극 지지해주실 줄 알았는데 그게 아니었다. 하고 싶어도 전혀 길이 열리지 않았다. DTS 강의하는 것 말고 다른 일은 내게 주어지지 않았다.

문득 예전단으로 돌아가고 싶었다. 마침 예전단 대표로 있는 희곤이 형한테서 같이 사역하자는 연락이 왔다. 정말 돌아가고 싶었다. 하지만 아내는 완강히 반대했다. 어려워도 비전을 향해 나아가야 한다는 것이다. 광주 지부장으로 내려가기로 거의 이야기가 다 되었는데 아내가 평생 한 번도 하지 않았던 강한 반대를 했다.

"절대 수도권 이남으로 안 가요. 어떻게 올라왔는데 다시 내려가요? 내려가면 성식이를 치료하기도 쉽지 않을 거예요."

아내는 가정과 아이 문제에 있어서는 분명하게 자신의 의견을 표시했다.

인생의 모든 것을 걸고 함께했던 공동체를 떠난다는 것은 힘든 일이었다. 아이가 아픈데 도와줄 사람이 없었기 때문에 예전에 사역하던 사람들을 만나서 이런저런 이야기를 하고 위로받고 싶을 때마다 아내는 못마땅해했다.

"당신이 너무 외로워서 어이없는 생각을 하고 있는 거예요. 과거의 인연이 지금의 당신을 지켜줄 거라고 생각해요?"

난 외로웠다. 혼자서 모든 짐을 지고 불투명한 미래를 향해 가기에는 내가 철저히 무능했기 때문이다.

누구나 다 하나님의 뜻대로 살고자 한다. 그러나 자세히 살펴보면 그 안에 나의 욕심이 분명히 있다. 큰 교회 담임목사가 되고 싶다는 욕심을 다루어야만 개척을 할 수 있는 것이다.

그 과정에서 연단은 필수였다. 나의 뜻이 하나도 남김없이 죽을 때까지….

나의 꿈은 죽어야 한다

결국 예전단으로 돌아가지 못하고 어느 교회 청년부 전도사를 맡게 되었다. 그런데 토요일 청년부 모임에서 아무리 좋은 설교를 해도 청년들이 인상 쓰고 앉아 있다. 복잡한 생각이 든다.

'너희들 왜 인상 쓰고 있니? 내가 누군지 알아?'

청년들은 당신이 누군들 무슨 상관이냐는 표정이다. 어쩔 수 없다. 설교를 하자면 분위기를 누그러뜨려야 하는데 이 상태로는 설교할 수 없다. 피자를 산다. 처음 몇 번만 사면 분위기도 좋아지고 나도 부담을 벗고 설교를 잘할 수 있지 않을까 하는 기대가 있었다. 그런 기대는 처음부터 어긋났다. 그들의 반응이 전혀 예상 밖이다.

"왜 이런 것을 사요? 부담스럽게…."

청년들이 피자를 먹지 않고 밖으로 나간다. 당황스럽지만 쫓아가서 데려온다.

"분위기를 좀 부드럽게 하려고 그러는 거야. 같이 먹자."

나는 사정을 한다.

몇 번 피자를 먹더니 청년들이 짜증을 내며 말한다.

"이제 그만 하세요. 몇 번 했으면 됐잖아요."

난 오기가 나서 계속한다. 설교보다 음식을 준비하는 데 더 신경을 쓴다. 회계로 섬기는 자매가 걱정을 한다.

"전도사님, 왜 목회를 안 하시고 먹는 데만 신경을 쓰세요?"

"내 목회는 먹회야!"

큰소리쳤지만 마음이 상한다. 돈은 돈대로 들고 분위기는 이상해지고…. 나중에는 청년들이 피자는 싫단다.

"이제 피자 그만해요!"

"그래? 그럼 뭘로 할까?"

결국 김밥과 떡볶이와 순대로 하기로 했다. 동료 간사들이 나에게 애정어린 한마디를 한다.

"형은 교회를 더 알아야 해요."

토요일마다 교회로 가는 발걸음이 천근만근이다. 같이 사역하던 동갑내기 중등부 전도사가 조용히 묻는다.

"전도사님!"

"예?"

"교회 오기가 싫으세요?"

"아, 아니요? 왜요?"

"너무 힘들어보여서요."

"조금 피곤해서 그래요."

적당히 얼버무렸지만 당황스럽다. 얼굴에 써 있는 모양이다. 더 열심히 청년들과 친해진다. 아니, 날마다 친해지기로 결정한다. 내가 가르칠 수 있는 것이 별로 없다. 그냥 그들의 친구가 되는 것 말고는 방법이 없다.

주일 오전예배가 끝나면 청년들이 찾아온다.

"전도사님, 가시죠."

같이 점심을 먹으러 간다. 점심을 먹고 청년들 세 명이 같이 사는 집에 가서 놀았다. 토요일 청년부 모임보다도 더 많은 청년들이 그 집으로 모인다.

어느 여름 날, 놀다보니 청년 세 명과 나만 남았다. 그들이 스스럼없이 말한다.

"전도사님, 더운데 씻으세요."

대낮에 집이 아닌 곳에서 샤워를 하고 청년들과 함께 누워 잔다. 도저히 중간에 나올 수 없다. 전도사가 있어야 뭐라도 사먹고 분위기가 좋아지기 때문이다. 저녁 즈음에 예배를 드리러 교회로 올라간다.

'내가 지금 뭐하고 있는 걸까?'

저녁예배 찬양이 심상치 않다.

내게 오는 많은 양떼 네게 맡겨둘 테니

사랑하는 내 친구여 많은 양떼를 부탁한다

그때 나는 주께 대답했네

내가 주를 사랑하는지 주님께서 아십니다

눈물이 하염없이 흐른다

'길아, 내가 어려운 아이들을 너에게 맡겼는데 잘해줄 거라
믿는다.'

나의 꿈은 죽어야 한다. 아무 이유 없이, 아무런 가치를 느끼
지 못해도 나는 예수님 때문에 죽어야 한다. 죽을 수 있어야 한다.

비전은 하나님의 것이다

비전의 주인은 하나님이시다. 비전은 나의 꿈이 아니다. 하나
님의 뜻을 이루고자 하시는 하나님의 계획이다. 요셉에게 비전을
주신 분은 하나님이셨다.

요셉이 자신이 꾼 꿈을 말했을 때 가족들과 부딪쳤다. 부모와
형제들이 자신에게 절을 하게 될 거라고 말했으니까. 어린 요셉은
받은 비전을 감당하기에는 훈련이 부족했다. 그는 아직 현실이 되
지 않은 비전을 자랑함으로서 갈등을 일으켰다. 형들은 즉각 반발
했다.

그의 형들이 그에게 이르되 네가 참으로 우리의 왕이 되겠
느냐 참으로 우리를 다스리게 되겠느냐 하고 그의 꿈과 그
의 말로 말미암아 그를 더욱 미워하더니 창 37:8

분명 요셉이 꾼 꿈은 하나님으로부터 온 것이었다. 결국 그의
나이 마흔이 넘어서 형들이 이집트에 곡식을 사러 와서 그에게 절
을 했다. 나중에 요셉은 자신을 판 형들 앞에서 이렇게 말한다.

당신들이 나를 이곳에 팔았다고 해서 근심하지 마소서 한
탄하지 마소서 하나님이 생명을 구원하시려고 나를 당신들
보다 먼저 보내셨나이다 … 그런즉 나를 이리로 보낸 이는
당신들이 아니요 하나님이시라 창 45:5,8

정확한 해석이다. 그는 가족들, 특별히 아브라함에게 약속되
었던 온 열방을 향한 하나님의 계획, 유다를 통해서 예수님이 오
시는 일의 한 부분을 감당한 것이다. 하나님은 당신의 일을 이루
신다. 우리는 그 과정에서 하나님의 손에 이끌려 이런 저런 모양
으로 쓰임을 받는 것이다.
예수님께서 사람을 위해 목숨을 주셨듯이 나도 남을 위해 죽
어야 하나님의 비전을 이룰 수 있다. 하나님은 일을 이루시는 분

이시지만 그것은 사람의 야망을 위한 것이 아니라 온 인류의 구원을 위한 것이다. 그러므로 다른 사람을 위해 죽어야만 비전을 이룰 수 있다. 한 사람이 다른 사람을 위해 죽음으로써 백 배의 열매를 맺는 하나님나라의 방식이 비전을 이루는 모든 과정에 철저히 적용되어야 하는 것이다.

하나님은 요셉에게 비전을 주셨고 그 비전을 이루셨다. 비전을 이룬 요셉은 과거의 그가 아니었다. 형들에게 죽을 만큼 미움받던 요셉이 아니었다. 그는 감옥에서도 사람들의 신뢰를 얻을 만한 인격을 가진 사람이 되었고, 모든 어려움을 하나님과 함께 이겨내는 믿음의 사람, 하나님과 친밀한 사람이 되었다.

하나님은 사람을 먼저 만드신다. 비전에 합당한 사람으로 만드는 데 오랜 시간을 쓰신 후에 함께 일을 하신다. 그러므로 삶의 연단은 꿈을 가진 사람에게 피할 수 없는 것이다. 남들이 부러워하는 목회를 하고 싶고, 세상에서 인정받는 사람이 되고 싶어 하면서 교회를 새롭게 하겠다는 것은 거짓말이다. 자신의 욕심을 포장한 말이다. 정말 하나님의 비전을 이루자면 나는 예전의 나와 다른 사람이 되어야 한다. 다른 사람이 되기 위해 자신의 인격을 갈고 닦아야 한다.

인격의 핵심이 무엇인가? 그것은 자신의 욕심을 얼마나 통제할 수 있는가 하는 것이다. 무조건 좋은 말을 하는 사람이 아니라

권력, 성적인 욕구, 돈에 대한 분명한 태도를 가진, 세상과 다른 삶의 방식을 체득한 사람이 되어야 한다. 훈련을 통과하는 것은 내면의 동기를 끊임없이 점검받는 과정이다. 나중에 교회를 개척하는 동안에도 하나님은 나에게 끊임없이 물으셨다.

'너 이래도 목회할 거냐? 네가 원하는 진정한 목회가 무엇이냐? 너는 누구를 위해 목회하느냐? 너는 정말 다른 사람이냐?'

그런 질문을 하실 때마다 나는 삶과 사역을 통해 비전을 주신 분도 하나님이시고, 그것을 이루시는 분도 하나님이시며, 영광을 받으시는 분도 하나님이신 것을 증명해야 했다.

나의 인생은 나의 것이 아니다. 예수님이 피값으로 사셨기에 그분의 것이다. 나의 직장이나 가정도 당연히 하나님의 것이다. 교회도 나의 것이 아니다. 하나님의 것이다. 나의 사역도 나의 것이 아니다. 하나님의 것이다. 소유권이 명백하게 하나님께 있다는 것을 늘 인정하고, 주인되신 하나님을 늘 인정하면, 하나님은 우리를 향한 긴장을 거두시고 평안함을 주신다.

삶과 사명 사이에서

삶은 힘이 세다. 왜 교회에서 성도들의 삶을 위로하는 것만 남고 사명을 이루는 헌신은 사라지는가? 성도들의 삶이 압도적이기 때문이다. 먹고 사는 것보다 힘이 센 것은 없다. 예수님도 제자들과 무리들에게 마지막까지 가르치신 내용이 그것이다.

자신의 삶을 위해 예수님을 이용하고자 하는 사람들과 하나님이 주신 사명을 이루고자 하시는 예수님 사이에는 긴장이 있었다. 우리는 예수님이 주신 사명이 자신의 삶을 다스리고, 성령의 능력을 경험하고, 하나님과 다른 사람을 기쁘게 하고, 모든 영광을 하나님께 돌리기까지 반드시 사명 중심으로 자신의 삶을 다스리는 고된 훈련을 받아야 한다. 사명에서 벗어나면 하나님께 매 맞을 각오로 열심히 훈련해야 한다.

나는 사명 중심으로 살도록 많이 맞은 것 같다. 삶이 나를 때렸다. 그래서 벗어나지 않을 수 있었고, 어느 순간 하나님이 사명을 위해 나를 쓰신다는 것을 알게 되었다. 사역자는 사람들이 예수님의 제자로서의 사명을 위해 자신의 삶을 기꺼이 예수님께 헌신하도록 이끌어야 한다. 물론 억지로 되지 않는다. 그래서 나는 모든 것을 주께 맡기고 죽는다는 각오로 사역을 한다.

비전(Vision), 부르심(Calling), 사명(Mission)은 의미가 엇비슷하다. 약간의 차이가 있다면 비전은 '하나님이 보여주시는 계획'과 관계가 있는 것 같다. 부르심은 '특정 개인을 부르신 하나님의 주권'을 좀 더 강조할 때 사용하는 듯하다. 사명은 말 그대로 '하나님이 맡기신 일, 곧 은혜의 복음을 전하는 것'이다. 바울이 그것을 정확하게 표현해준다.

내가 달려갈 길과 주 예수께 받은 사명 곧 하나님의 은혜의
복음을 증언하는 일을 마치려 함에는 나의 생명조차 조금
도 귀한 것으로 여기지 아니하노라 행 20:24

교회는 사명을 이루어야 한다. 주 예수께 받은 사명, 곧 은혜
의 복음을 전하는 일을 하기 위해 교회를 세우는 것이다.

삶에서 사역자로 살기

우리는 가정에서, 직장에서, 교회에서 사역자로 살아야 한다.
그중 가정이 가장 중요한 사역지이다. 가정은 오랜 시간 동안 서
로 얽힌 관계라서 내가 변화되었다고 해도 그 영향력을 미치는 것
이 사실상 불가능하다. 은혜가 가장 잘 통하지 않는 곳이 가정이
다. 그렇다면 가정에서 어떻게 제자로 살 수 있는가? 가정에서 예
수님의 성품과 능력을 흘려보내자면 깊은 변화와 오랜 수고가 필
요하다. 사역자는 무엇보다 자신의 가정을 잘 보살피고 세울 수
있어야 한다.

교회를 개척할 수 있는 상황이 열리지 않아 집에 주로 있던 어
느 날, 하나님께서 물으셨다.

'네가 내일 죽는다면 오늘 무얼 할 거니?'

곰곰이 생각해보니 가족들과 식사를 하면서 시간을 보낼 것

같았다. 내일 죽는데 가족 말고 누구와 시간을 보내겠는가. 그렇게 생각하니 가족이 가장 소중하다는 것을 알게 되었다.

'길아, 넌 좋은 남편이자 아빠가 되어야 한다. 그것이 너의 삶의 첫 번째 부르심이다.'

난 그때까지 좋은 사역자로 사역을 잘하는 것이 가장 중요한 부르심인 줄 알았다. 그런데 하나님은 좋은 남편, 아빠가 되는 것이 첫 번째 부르심이라고 알려주셨다. 모든 것 위에 하나님이 가장 소중하다. 그러나 일은 가정에서의 일이 가장 중요하고, 그 다음이 직장이고, 그 다음이 교회이다. 가정과 직장에서 어려운데 교회 일만 하면 누구에게 덕이 되겠는가. 사실 교회에서 일하고 인정받는 것은 쉽다.

제자는 세상에서 빛과 소금으로 살아야 한다. 이것이 어렵다. 훈련의 최종 목적은 신실한 교인이 아니라 행복한 가정을 이룰 수 있는 사람, 하나님의 성품과 권능이 흘러가는 직장인을 만드는 데 있다. 이런 사람이 교회의 지도자가 되어야 한다. 교회에서 준비되어 세상에 나가서 하나님나라를 확장하는 사람이 되어야 한다.

자신이 제자인가 아닌가 하는 것은 교회가 아니라 직장에서 검증해야 한다. 예수님이 교회에만 계시고 직장에는 안 계신가? 예수님의 제자로서 그의 성품과 능력을 경험한 사람이라면 반드시 사람을 낚기 위해 직장에 가야 한다. 돈 벌려고 직장에 가면 감사가 없다. 보수에 비해 자신의 노동량이 많다고 생각하고, 불만이 가득하다. 받는 만큼만 일하고 싶어 한다. 크리스천이라면 사람을 낚는 어부의 사명을 이루고자 직장에 가야 한다. 나는 함께 사역하는 지체들에게 이것을 늘 강조한다.

윤성이는 직장생활을 어려워했다. 직장에서 세 번째로 높은 상사가 윤성이를 싫어했다. 잦은 지방 출장까지 겹쳐, 갈수록 지쳤고 회사를 그만두고 싶어 했다. 나는 회사에서 하나님의 인도하심을 받아야 한다고 여러 번 권면하고 기도했다. 윤성이가 변하기 시작했다. 회의할 때 사람들에게 커피를 돌리고, 기도하면서 기술개발을 하고, 신입사원이 왔을 때 스스로 업무 안내서를 만들어서 가르쳤다. 심지어 신입사원이 말을 듣지 않을 때, 달래면서 일을 하는 단계에 이르게 되었다. 윤성이는 드디어 사람을 낚는 어부가 된 것이다.

진회는 서래마을에서 동물병원을 열었다. 병원을 열 때 월세를 낼 수 있을까 걱정을 많이 했다. 처음 병원을 여는 것이라서 어떻게 될지 잘 몰랐던 것이다. 간절히 기도하는데 하나님의 친절하심이 진회에게 임하고 있다는 느낌이 들었다. 동네 사람들이 진회네 동물병원이 친절하다고 소문을 내고 있는 것을 느꼈다. 진회는 정말 친절한 동물병원을 만들었다. 그리고 아내와 예쁜 딸과 함께 단란한 가정을 이루었다. 전에는 피곤해서 집에 들어오면 쉬고만 싶어 했는데 이제는 아내와 성령 안에서 깊이 이야기하고 서로를 돕는 동역자가 되었다. 그는 동물병원과 가정의 주인이 예수님인 것을 알았고 예수님을 닮아가고, 제자로 살아야만 진정으로 행복한 삶이 가능하다는 것을 날마다 배우고 있다.

제원이는 착한 직장인이었다. 그는 몇 년 동안 대기업에서 받은 월급으로 부모님이 진 빚을 갚고 자신은 부모님으로부터 용돈을 받아 썼다. 그는 회식 자리에서 과장이 주는 술을 받지 않은 일로 찍혀서 고생하고 있었다. 부서의 모든 사람들이 그가 과장과 사이가 좋지 않다는 것을 알고 있었다. 내가 말했다.

"제원아, 과장을 존중해라. 마음속으로 과장을 인정하고 존중하면 그가 알 것이다."

제원이는 과장을 존중했다. 그의 인생에서 자신에게 맞지 않는 사람을 피하지 않고 섬긴 최초의 경험이 아닌가 싶다. 그는 애매하게 고난받는 것을 두려워하지 않고 자신의 리더인 과장에게 순종했다. 나중에는 그 과장의 추천으로 상까지 받게 되었다.

'나는 착하고 괜찮은 사람인데 어려운 과장 만나서 고생하고 있다'는 생각을 버리고 진심으로 회사에서 영향력 있는 제자로 살기 위해서 하나님의 도우심을 구한 것이다. 그랬더니 그에게 회사는 더 이상 돈만 버는 곳이 아니라 자신의 사역지가 되었다.

예수님이 원하시는 대로 순종해야 예수님이 주시는 영향력과 지위를 받을 수 있다. 또한 가정과 회사에서 사역자로 살기 위해 자신의 의로움과 싸우고 겸손하게 예수님을 나타내고자 훈련해야 한다.

8장
깨어진 꿈

길 위의 예배자

2006년, 드디어 하나님으로부터 교회를 개척하라는 허락을 받았다. 스물일곱 살 때부터 시작하면 10여 년만이고, 예수전도단을 떠나 혼자 있은 지 6년만이었다. 그러나 쉽지 않았다. 하나님은 성남 모란에 가서 길거리에서 기도하라고 말씀하셨다.

'본래 교회 개척은 아파트 상가에서 하는 것이 관례인데 어찌 길에서 기도하라시는 걸까?'

나는 잠깐 그 땅을 위해 기도하라는 뜻인 줄 알고 몇 명의 지체들과 성남 모란시장으로 갔다. 그곳은 교회를 개척할 수 있는 곳이 아니었다. 큰 장이 서고, 술 먹고 노는 곳이고, 무엇보다 풍

생고 맞은편으로 모텔들이 몇 백 미터 줄 지어 있는 곳이었다.

우리는 모란 일대를 돌아다니면서 기도하기 시작했다. 모텔, 시장, 술집이 없는 중원구청 쪽에서 기도하고 싶었지만 하나님은 모텔이 즐비한 곳에서 기도하게 하셨다. 기도는 쉽지 않았다. 보통 중보기도를 하면 하나님의 마음을 받아서 깊은 기도로 나아간다. 기도하다보면 하나님의 마음을 알게 되고, 그 마음으로 계속 기도하면 눈물도 나고 간구할 때 하나님의 약속도 받음으로 그 땅을 향한 소망이 생기게 된다.

그러나 길거리에서 하는 기도는 그렇지 못했다. 기도하다 갑자기 흐름이 끊기고 어떻게 기도해야 할지 감을 잡을 수 없다. 기도가 이어지지 않는다. 갑자기 앞이 캄캄해지고 뭐라고 다음 말을 이어가야 할지 알 수가 없다. 영적인 연속성 없이 아무 말이나 하면 기도 분위기는 더욱 가라앉게 된다.

기도가 겉돌면서 기도하는 사람들 사이에 긴장하는 마음과 '여기서 기도하고 싶지 않다'는 당황함이 생긴다. 기도하고자 하는 의욕이 꺾이는 것이다. 기도가 없어지고 겉도는 것을 경험하는 것은 괴로운 일이다. 기도하는 것이 무섭게 느껴지기 때문이다. 강한 반대를 경험하는 느낌이라고나 할까. 누군가 나를 강하게 반대할 때 느끼는 당황함은 사람을 위축시킨다.

한 도시를 위한 기도는 사람의 뜻으로 할 수 없다. 상처받은 도시를 향한 아버지의 마음을 알아야 한다. 교회와 도시를 향한 하나님 아버지의 마음을 모르면 사역을 어떻게 해야 하는지 모른다. 사역은 하나님이 원하시는 것을 대신하는 것인데 하나님의 마음을 모르고 무슨 수로 하나님이 원하시는 일을 할 것인가. 모든 것에 우선해서 하나님의 마음을 알아야 했다.

그래도 나 혼자가 아니어서 다행이었다. 교회 개척 준비를 하다가 모였던 사람들이 떠나고 끝까지 남았던 윤성과 인혜가 함께 했다.

모란은 가기만 해도 눌리는 느낌이 들었다. 그러나 우리는 점점 그 땅을 사랑하고 있었다. 기도할 때마다 그곳을 사랑하시는 하나님의 마음을 느꼈다. 잃어버린 영혼을 향한 그 마음이 교회 개척에 가장 중요하다는 것을 그때는 알지 못했다.

그럼에도 우리는 그곳에서 도시 사역자로 길러지고 있었다. 도시는 우리에게 사역의 장소가 아니라 삶의 욕구를 해결하는 곳이다. 그런데 하나님은 우리에게 도시를 향한 하나님 아버지의 마음을 알고 그곳을 변화시키는 사역을 요구하고 계셨다.

길거리 교회

오전에 모란에서 기도를 하고 나면 배가 고프다. 특별히 고생스럽지는 않는데 배가 고프다. 넓고 고급스러운 중국 음식점에서 밥을 먹는다. 비록 거리에서 기도하고 예배드리지만 음식만큼은 따뜻하고 맛있는 걸 먹었다. 청년들과 같이 푸짐하게 음식을 시켜놓고 맛있게 먹는다.

점심을 먹은 후에는 성경공부를 한다. 모임은 오직 예수님과 예수님께서 주신 사명을 이루는 것에 초점을 맞춘다. 교회를 개척한다기보다는 같이 예수님을 알아가는 따뜻한 청년 공동체를 세운다는 마음이다. 물론 마음 한구석에 허전함이 있다. 교회를 세운다고 하니 다들 낯설어 한다. 거리에서 예배드리고 기도하고, 중국 음식점에서 성경공부를 한다는 것이 낯선 것이다.

이런 상황에서는 초대교회가 어떻고, 진정한 교회가 어떻고 말할 수 없다. 말하지 않는 것이 좋다. 그냥 낯설음을 받아들여야 한다. 그러나 나는 사람들이 낯설어 하는 것을 어떻게든지 가라앉히고 싶어 초조하다. 괜한 허풍을 떤다. 곧 큰 교회가 될 것처럼 말한다. 청년들은 건성으로 듣는다. 그들은 교회를 개척하러 온 것이 아니다. 김길이라는 사람과의 관계 때문에 왔다. 혹은 어디선가 강의를 듣고 길에서 모임한다는 것을 듣고 호기심에 구경하러 온다.

그런 사람들이 오면 예배가 정말 힘들어진다. 무언가 이상하다는 표징으로 어려워하는 사람과 같이 예배드리는 모습을 생각해보라. 몇 명 되지도 않는 사람 중에 단 한 사람만 그런 표정을 지어도 예배는 앞으로 나가지 못한다. 신만해지고 분위기가 썰렁해진다. 그럼 나는 더욱 초조해진다. 말은 안 하지만 사람들에게 사정하고 싶은 마음이 저절로 든다.

'지금은 이렇지만 곧 큰 교회가 될 겁니다. 정상적으로 될 거예요. 지금은 개척하느라 이러고 있는 거예요.'

하나님의 마음을 살필 겨를이 없다. 사람들의 당황스러움을 만지느라 내가 당황하고 있기 때문이다. 내 방식대로 밀고 나갈 수도 없다. 당황하는 사람들에게, 뒷걸음치면서 고민하는 사람들에게 자신 있게 설명할 수 없다. 솔직히 나도 이 사역을 어떻게 해야 하는지 잘 모르고, 언제까지 해야 하는지도 모른다.

사역의 주도권을 빼앗긴 것이다. 개척 초기에는 사역자 말고는 아무도 사역을 아는 사람이 없는데 사역자가 주도권을 놓쳤으니 사역이 혼란에 빠진다. 그래도 교회가 되는 건 하나님이 계속 은혜를 부으시기 때문이다.

사람들은 길거리에서 모이는 교회와 그 사역자를 우습게 아는 것 같다. 아주 오랫동안 나를 알아왔어도 함부로 말한다. 길거리에서 이 땅을 위해 중보기도를 하자고 하면 왜 중보기도를 해야 하는지 모르겠다고 공개적으로 불평한다. 교회 이름에 왜 '선교'가 들어가냐고 빼자고 한다. 교회 이름에 선교가 들어간 것은 교회의 방향이니 동의해달라고 말하면 자신은 방향이 다르니 그만

두겠다고 한다. 시간이 조금만 지체되도 모임 시간이 너무 길다고 대놓고 말한다. 마음이 고통스럽지만 참는다. 최대한 조심스럽게 말해보지만 그들이 자신을 방어하는 태도로 아무 말이나 하고 떠나면 다 내 탓이 된다.

예전에 선교단체에서 훈련시키던 아이들도 길에서는 말을 듣지 않는다. 가슴이 타는 듯하고 자꾸 화장실에 가고 싶다. 먹어도 무얼 먹는지 모르겠다. 겨우 제정신에 설교를 하지만 크게 의미를 갖지 못한다. 아무리 설교를 잘해도, 은혜가 있어도 동기부여가 되어 있지 않은 사람들에게는 그저 들어두면 좋은 말이나 다름없다. 다른 교회나 예수전도단에 가서 했을 때 강력했던 강의와 설교도 길거리에서는 힘을 잃는다. 원수가 모든 수단을 동원해서 방해하기 때문이다.

엇갈린 기대들

세상에 좋은 교회는 없다는 것을 개척하고 나서 알았다.

'그럼 왜 교회를 개척해야 할까?'

개척자는 교회를 개척하고 성장시키고자 하는 기대를 가지고 있는 것이 당연하다. 오랫동안 교회 개척을 기다린 경우 소망은 더욱 간절하다. 좋은 교회를 개척해서 성공적으로 사역하고 싶고 한국교회 모델이 되었으면 좋겠다는 생각을 한다. 나 또한 기다리는 동안 여러 생각을 했고, 어떻게 하면 좋은 교회가 될 수 있는지 수도 없이 생각했다.

그러나 개척을 하자마자 벽에 부딪친다. 서로 다른 기대 때문이다. 같이 개척하고자 했던 풀타임 사역자들은 교회 개척보다는 당장 자신의 사역이 중요하다. 아무리 개척교회지만 풀타임 사역자, 전도사에게 사역이 없는 건 괴로운 일이다. 설교하고 싶고, 사람들을 양육하고 싶은데 기회가 주어지지 않으니 괴로워한다.

한 달에 150만원 헌금이 들어오면 거의 절반이 부교역자의 사례비로 나간다. 그런데 일한 것이 없이 돈을 받는 걸 힘들어 한다. 난 돈도 주고 그들에게 맞는 사역도 주어야 한다. 개척 상황이니까 참고 같이 하면 좋은 날이 올 것이라 말해도 소용없다. 당장 자신에게 기회가 주어지지 않으면 힘들어 한다. 그래서 개척할 때 풀타임 사역자와 함께하는 것은 힘들다.

평신도 지도자들이라 해도 예외는 아니다. 평신도 지도자들은 교회 개척이 자신의 업적이 된다. 개척하면서 수고하고, 헌금하고, 사람들을 섬기는 것이 훗날 지도자라는 위치로 보장되기 때문이다.

난 그들의 욕심을 알면서도 지적하지 못한다. 그들이라도 없으면 교회가 되지 않을 것이기 때문이다. 그들은 자신감이 넘친다. 자신들의 교회인 것이다. 들떠 있다. 나는 괴롭다. 보는 것도 괴롭고, 가르치는 것도 괴롭다.

나만 특별한 경험을 한 것일까? 아니면 개척자는 다 이런 경험을 하는 것인가? 따뜻하게 성도들을 돌보는 것과 하나님의 뜻을 따라 교회를 섬기도록 가르치는 것 사이에 끊임없이 방황한다. 일관성이 없이 두려움과 분노 사이를 매일 왔다 갔다 한다. 사람들은 교회에서 자신의 기대가 채워지지 않으면 거침없이 표현한다.

선교단체에서 같이 활동하던 사람들도 그렇다. 선교단체 간사들은 교회에 와서는 쉬고 싶어 한다. 절대 일하지 않는다. 선교단체에 헌신해 있기 때문에 교회는 쉬고 후원받는 곳이라 생각한다. 적당히 교회 다니다가 선교사로 나가면 교회가 아무 조건 없이 후원해주기를 기대한다. 선교단체에서 만났던 그 간사가 아니다. 다른 사람이다.

선교단체 간사가 어려운 줄 알았는데 교회 사역이 세상에서 제일 어려웠다. 언젠가 안영로 목사님이 "길아! 세상에서 제일 어려운 일이 목회다"라고 하셨는데 정말 맞는 말이다.

확실한 경고

개척 멤버가 뒤죽박죽으로 형성되고 있었다. 개척 멤버 형성이 하나님의 뜻이 아니라 개척에 대한 조급한 내 마음으로부터 출발한 것은 두고두고 문제가 되었다. 그러나 더 문제가 되었던 것은 교회 안에 문제가 발생할 때 무엇을 기준으로 해결해야 하는지에 대한 경험과 지식이 없다는 것이었다. 선교단체 간사로 섬길 때는 기준과 목표가 분명했다. 그 단체의 목표가 분명하고, 비전이 분명하고, 정신이 분명하기 때문에 그것에 따라 사람들을 길러내면 되었다. 양들이 잘못하면 그 기준에 따라 설명하고 가르치면 되었다.

그러나 교회 개척은 그렇지 않았다. 일단 개척 멤버로 온 사람들은 나의 초청에 응한 사람들이었다. 물론 같이 하고 싶어 했지만 내가 앞장서서 권면하면서 무언의 약속을 했다. 내가 키워주겠다는…. 하나님이 그런 나의 모습을 보고 얼마나 슬프셨는지를 그때는 알지 못했다. 나는 내 욕심을 따라서 어떤 기준도 없이 사람들을 끌어 모았다.

교회의 주인이 하나님이시라는 것을 무엇으로 알 수 있는가? 아마도 사람들이 오고 가는 것을 주장하시는 하나님의 뜻을 따르는 것이 가장 중요한 부분이 아닐까 생각한다. 캠퍼스를 개척하면서 깊이 배운 것이 있었다. 사람은 하나님이 보내신다는 것이다. 내가 할 일은 하나님이 보내신 사람과 함께 즐겁게 있는 것이고, 그 사람을 말씀 안에서 제자로 길러내면 되는 것이었다.

교회의 주인이 정말로 하나님이시라면 교회 구성원도 하나님께서 선택하신다. 누가 오고 가든지 하나님이 주장하고 계시기에 그러한 하나님의 뜻을 잘 살펴야 한다.

한 10년이라도 혼자 있을 각오를 했던 나였지만 막상 개척을 시작하자 목회를 성공적으로 하고 싶다는 것에 마음을 빼앗기고 있었다.

'빨리 개척하고 성공해서 삼일교회처럼 되어야지, 온누리교회처럼 되어야지.'

그렇게 당당하게 캠퍼스 사역을 했건만 교회 개척은 수세적이고 불안하고 사람들의 눈치를 보면서 진행되었다. 문제는 불을 보듯 명확했다. 하나님이 교회의 주인으로서 세밀한 계획을 가지고 계시다는 것을 몰랐던 것이다.

예견된 실패

예전단을 나와서 나 자신을 지키는 것은 가능했지만 새롭게 교회를 세우는 일은 참 어려웠다. 영적인 인프라가 전혀 구축되지 않았던 탓이다. 선교적 관점의 교회 개척이라는 방향성은 모두 알고 있었지만 그러한 방향이 실제 교회 개척에 어떻게 적용되는지 설명하지 못했다. 앞서 말했듯이 나 자신이 리더로서 교회 개척을 성공시켜야 한다는 욕심과 하나님이 주인이신 교회를 그의 뜻을 따라 세워간다는 것이 무엇인지 몰랐기 때문이다.

하나님께서 제시하신 방향만이 아니라 구체적인 실천 방향과 사람들을 그 방향에 맞게 세워야 한다는 것에 대해서 모르고 또한 그런 것에 대해서 거부감이 있었던 탓이다.

'사람을 어찌 내 방향에 맞추어서 세운단 말인가….'

나는 민주주의 혹은 개인주의에 깊이 물들어 있었고, 스스로 기준을 제시하고 만들어본 경험이 없었다. 모두가 다 하나님의 뜻을 스스로 알고 그 뜻에 순종하여 하나님의 나라를 세워가면 된다는 환상에 젖어 있었다.

그러나 하나님은 여러 번 경고하셨다.

'너는 사람의 욕심을 이해해야 사역을 할 수 있다.'

난 이 경고가 무슨 뜻인지 모르고 있었다. 선교단체는 이미 기준이 분명하기 때문에 사람들이 그 기준에 자신을 맞춘다. 그리고 그 기준을 받아들일 각오를 하고 선교단체를 찾는다. 워낙 강하게 기준이 제시되고 가르쳐지기 때문에 개인이 그 기준을 무시하기 어렵고, 선교단체 특성상 그 기준을 무시하면 바로 유무형의 제재가 들어온다.

그렇게 공동체 안에서 사람들의 눈치를 보면서 자신을 맞춰가는 훈련이 시작되면 반드시 사람은 좋아진다. 눈치를 본다는 것은 자기 마음대로 하지 못하고 이미 제시된 훈련을 받아들여야 한다는 부담감쯤으로 해석하고 싶다. 이 과정을 통해 그 단체의 특성이 몸에 배이지만 그런 것들이 대부분 사람을 성장시키기 때문에 크게 문제가 되지는 않는다.

그러나 선교단체를 찾듯이 교회에 오는 사람은 없다. 설사 그렇게 온다 해도 가르칠 수 있는 구체적인 기준이 없다. 사람을 훈련시켜서 어떤 목적에 맞추는 것이 옳은가에 대한 자신도 없고, 그렇게 기준을 세워서 사람을 새롭게 해야만 목회가 된다는 사실이 내게는 너무 어렵고 두려웠다.

나는 누군가에게 내 기준을 강요하고 싶지 않았다.

'각자 알아서 하고, 함께 공동체를 이루어야지 내가 왜 그들을 세세하게 가르쳐야 한단 말인가….'

깊이 회의할 시간도 없이 나는 사역에 휘말리고 있었다. 왜냐하면 사람들의 욕심이 아주 과감하게 그리스도의 몸으로 흘러오고 있었기 때문이었다. 나는 절망했다.

풀타임 사역자들은 교회에 관심이 있는 것이 아니라 자신의 사역 전망에만 관심이 있었다. 평신도 사역자들은 자신이 원하는 교회를 꿈꾸면서 왔다. 모두 과거의 삶에서 성공적이지 않았다.

자신이 멋지게 사역하고 성공하고 있는데 스스로 그런 것을 내려놓고 개척교회에 가서 다시 어려움을 겪으며 고생하는 사역자나 평신도들을 본 적이 없다. 당연히 개척교회는 실패를 경험한 사람들이 모이게 된다. 자신이 원하는 사역을 하고 싶고, 내가 원하는 교회를 이루고 싶어서 온다.

나의 꿈은 깨지고 있었다. 모두가 조국교회의 어려움을 보고 함께 헌신하여 조국교회를 구하고, 세계선교를 하고, 민족을 새롭게 하는 데 쓰임받자고 설교했지만 그런 것은 엄연한 목회 현실 앞에서 꿈에 불과했다. 나중에는 이렇게 화를 내고 있었다.

'나는 조국을 위해 교회를 개척하는데 너희들은 자신을 위해 교회를 개척하고 있느냐.'

하지만 그들에게 화를 낼 일이 아니었다. 그런 마음에 불을 지른 사람이 누구인가? 바로 나다. 아무것도 없는데 허명(虛名)만을 가지고 금방 무엇인가 할 수 있는 것처럼 말했다. 하나님의 뜻도 모른 채….

목포에 가서 말씀을 전할 때였다. 식사를 같이 하던 장로님이 물어보신다.

"무슨 동기로 교회를 개척하십니까?"

"제 자신이 높아지거나 성공하고 싶은 동기는 없습니다. 하나님께서 선교적 관점으로 교회를 개척하라는 마음을 주셔서 하려고 합니다."

딱히 무엇 때문에 교회를 개척한다고 말하지는 못했다. 마음이 시원치 않았다. 두고두고 생각이 났다.

'무엇 때문에 교회를 개척하는 것일까?'

다시 생각해볼 필요도 없는 문제라는 생각이 들었지만 마음에 일어난 질문이 가라앉지 않았다. 교회를 개척하고자 하는 동기의 중요한 부분은 조국교회의 현실에 대한 아픔으로부터 출발한 것이었다. 권력과 돈, 성적인 부분에 있어서 하나님의 뜻이 실현되도록 해야 한다는 마음이 교회 개척의 출발에 깊이 자리 잡고 있었다.

그런데 하나님께서는 조국교회를 새롭게 하고자 하는 동기로 교회를 개척하는 것은 아니라고 하셨다. 그 동기는 실망을 가져다주는 원인이 되었다. 나는 조국교회의 현실을 새롭게 하려고 교회를 개척하는 사람이고, 같이 일하는 사역자들은 자신의 욕심 때문에 교회를 개척하고 있는 것처럼 보였기 때문이다. 나는 하나님이 주시지 않은 기준으로 자신의 의로움을 따라 절망하는 교만한 사역자였다. 그런 의로움은 깨져야 했다.

'조국교회는 문제가 많다' 라는 인식에서 출발한 나의 의로움은 문제 많은 조국교회를 새롭게 하기 위해 교회를 잘 개척하여 모델을 보여주자는 부끄러운 자만심을 갖게 했다. 처음부터 실패를 안고 있었다. 그런 의로움과 목회의 성공을 동시에 추구하는, 다시 생각하기도 싫은 부끄러운 나의 욕망에 붙잡혀 있었고 실패를 향해 달려가고 있었다.

거리에서 예배한 지 두어 달 후 한 교회 교육관을 빌려 쓰게 되었다. 교회는 모텔들이 있는 거리 끝에 있었다. 교육관은 아담하고 좋지만 하나 있는 화장실이 늘 막혀 있거나 냄새가 난다. 청소하고 싶어도 청소할 만한 것이 없다. 그래도 제대로 예배도 드리고, 큰 소리로 기도도 하고, 소그룹 모임도 했다. 정말 장소 구하기가 쉽지 않다.

'교회들이 오후 시간에 비는 공간을 우리에게 빌려주면 얼마나 좋을까….'

나는 어서 예배당을 갖고 싶었다.

하루는 기아대책기구 간사님들에게 말씀을 전하러 갔다가 기도제목을 알려달라고 해서 개척하는 교회 장소를 위한 기도를 부탁했다. 얼마 후에 연락이 왔다. 주일에 지하 예배실이 비는데 사용하라는 것이다. 정말 감사하다. 모란을 떠나는 것도 감사하고 장소가 생기는 것도 감사하다. 한 달에 40만 원 정도를 헌금하고 장소를 사용했다.

여전히 화장실은 하나지만 예배실은 아주 좋다. 거리에서 모였던 것을 생각하면 천국이다. 사람들이 모여든다. 예배도 예배답다. 그러나 사람들이 도시를 위한 기도에 소극적이다. 예배 후에 신촌, 명동, 강남, 모란에서 기도를 했는데 사람들은 왜 도시에 나가서 기도를 해야 하는지 잘 모른다. 지역을 위한 중보기도는 선교여행 갔을 때만 하는 것으로 안다. 모란에서 했던 기도는 개척하는 상황에서 잠시 했던 초기 사역 정도로 이해한다.

사실은 나도 그렇게 생각한다. 도시에 나가서 기도하는 것은 하나님의 뜻이라 순종하지만 계속 해야 하는 것인지 잘 모른다. 무엇보다 사람들은 자신의 문제를 해결하는 데 도움이 되면 좋겠다는 생각으로 개척교회, 아니 김길 목사를 찾아왔는데 도시에 나가서 기도하자니 어려운 일이 아닐 수 없다.

나도 이렇게 사역하고 싶지 않다. 어서 사람들이 와서 양육 구조가 세워져 사람들이 지도자로서 리더십을 사용하고, 나도 어서 폼 나게 설교하고, 일 잘하는 리더가 되고 싶다.

목자로서 사람들의 삶을 돌보는 일은 괴롭고 힘들다. 해도 해도 끝이 없다. 문제가 해결되면 또 다른 문제가 생긴다. 성도가 얼마 되지 않으니 어떤 사람의 문제는 곧바로 공동체의 문제가 된다. 그러면 온 교회가 그 사람의 일을 해결하려고 집중한다. 이상하게도 그러면 그럴수록 성도는 점점 더 사역자를 의지하고 약해진다. 목회자는 은혜를 외치고 사람들은 은혜를 받는다.

그런데 그 은혜에서 벗어나지 않는다. 계속 은혜만 구한다. 삶의 변화나 강건해지는 것을 원치 않는다. 내 삶이 지쳐 있으니 은혜만 달라고 한다.

나는 한술 더 뜬다. 하나님은 좋은 분이시고, 은혜를 주시며, 우리를 불쌍히 여기시고 반드시 복 주시는 분이라고 말한다. 사람들은 은혜를 받으면서 운다. 그러고 나서는 자기 마음대로 한다. 나는 계속 은혜와 성공을 만들어내야 한다. 은혜가 필요한 사람들이 모여든다. 교회는 은혜 외에는 통하지 않는 구조로 만들어져 간다. 다른 설교는 생뚱맞게 들린다. 끊임없이 훈련해야 한다고 설교하면 얼굴을 피하면서 어서 시간이 지나가기를 바란다.

'너 잘하는 설교 있잖아. 은혜스러운 거, 그거 하란 말이야…'

나도 계속 이런 식으로 설교할 수 없다는 것을 안다. 사람들은 변하지 않지만 교회 분위기를 계속 딱딱하게 할 수도 없다. 생각해보면 은혜로 성도들을 사랑하는 것이 맞는 것 같다. 너무 가르치기만 하면 안 될 것 같다. 그들이 힘들어 하기 때문이다. 그런데 삶이 변화되지 않는 것은 어떻게 해야 할지 모르겠다. 수많은 고난을 통과하고 헌신해서 여기까지 왔는데, 이것을 성도들에게까지 가르치는 것은 아닌 것 같다. 하지만 예수님이 주인되시는 교회가 되려면 성도들의 삶이 훨씬 더 성숙해져야 한다.

이런 고민 속에서 설교가 냉탕과 온탕을 오간다. 청년들의 연약함과 문제들은 내 가슴을 타게 한다. 그러나 교회를 세우자면 따뜻하게 해야 한다. 그것이 사랑이다. 가르치지 못한다. 그런데 말하지 않으면 절대 변화되지 않는다. 말하면 교회가 어려워진다. 가르침을 기꺼이 받을 만한 신뢰도 아직 서로에게 없다.

그 와중에 청년들은 '우리 전도사님은 너그러워…' 하고 생각한다. 사실 난 너그럽지 않다. 사역을 위해 나 자신의 스타일을 버리고 있을 뿐이다. 하나님이 주신 소중한 스타일을 버리고 사람을 얻기 위해, 남들이 좋다고 하는 스타일을 흉내내는 것이다. 사역이 될 리가 없다. 사람들은 약해지고, 하나님은 그런 나를 싫어하셨다.

예배당이 생기다

어느 날 전화가 왔다.

"김길 전도사님, 요즘 어떻게 지내요?"

광염교회 조현삼 목사님이시다. 늘 갑작스럽게 연락을 하시는데 항상 좋은 소식을 전해주신다. 목소리만 들어도 반갑다. 광염교회 청년부 수련회에 말씀을 전하러 가서 목사님을 뵙게 되었다. 지금까지 살아오면서 누군가 조건 없이 나의 꿈을 응원해준 적이 없었는데 목사님은 진심으로 나를 축복하고 위로해주신다.

"예, 교회를 개척하고 있습니다."

"그래요? 그런데 왜 우리한테 말도 안 하고 교회를 개척하고 있어요?"

"아…예, 몇몇 아는 사람들과 같이 하게 되었습니다."

"혹시 예배당 필요하지 않아요?"

"예?"

"분당 미금역 근처에 예배당이 있는데 김길 전도사가 들어가면 좋겠는데….'"

"예, 그렇게 하지요."

정말 놀라웠다. 예배당이 갑자기 생기다니… 이런 일도 일어난단 말인가!

"이번 주부터 들어가요!"

목사님과 전화를 끊고 난 곧장 예배당에 가보았다. 마음에 들었다. 100여 개의 깔끔한 의자, 악기와 방송 장비, 부엌 공간, 정말 꿈만 같았다. 승합차는 운전면허를 따면 보내주시기로 했다. 그런데 얼마 후에 운전면허를 따지 않았는데도 차를 보내주셨다.

교회 장소가 생기자마자 순식간에 사람들이 모이기 시작했다. 20여 명이던 사람들이 순식간에 70여 명이 되었다. 그런데 전혀 기쁘지 않았다. 교회에 나오는 장년들은 그야말로 훈련이 많이 필요한 상태였다. 물론 오랫동안 교회에 다니면서 나름대로 훈련이 되어 있었지만 속사람은 많이 다듬어져야 했다. 어려운 가운데 청년들을 훈련시켜서 겨우 밭다운 밭을 만들었는데 갑자기 돌들이 우수수 떨어진 느낌이었다.

장년 성도들의 삶은 내가 쉽게 돌볼 수 있는 것이 아니었다. 아무리 만지고 기도해도 속사람이 성장하는 것이 아니라 자신의 삶에서 해결해야 하는 문제가 당장 급한 사람들이었다. 문제는 점점 그런 장년 성도들이 늘어간다는 것이었다.

인적 구성이 교회를 결정한다. 어떤 사람들이 교회에 오는가 하는 것은 곧 그 교회가 어떤 교회가 되는가 하는 것과 직결된다. 더군다나 교회는 성령의 하나되게 하심을 따라 그리스도의 몸이 되기 때문에 한번 연결되면 어떻게 할 수 없다. 사람들이 오면 그 사람들의 교회가 된다.

교회에 오는 사람들이 아무 생각 없이 오는 것이 아니다. 모두 자신들이 원하는 교회가 있다. 목회철학까지는 아니지만 본능적으로 자신이 원하는 교회가 있는 것이다. 대부분은 자신의 삶을 형통하게 해주는 교회를 원한다. 그러나 난 그런 사역으로 부르심을 받은 사람이 아니었다.

내 마음에서 일어나는 갈등을 그들이 알 리가 없고, 말해서 해결될 일도 아니다. 청년들은 훈련하는 과정 중에 따끔하게 혼을 내서라도 가르친다. 그들도 받아들이고 순종한다. 그러나 장년 성도들을 그렇게 돌볼 수는 없다. 삶이 힘든 사람들이다. 내가 보기에도 삶의 무게가 너무 크다. 위로하기에 벅찰 정도다.

아무도 잘못하지 않았는데 교회는 비전과 사명이 흐려지고 평범한 교회가 되어갔고, 나는 지쳐가고 있었다.

장소가 사람들의 태도와 마음을 결정한다. 장소는 그냥 장소가 아니다. 교회의 모든 것을 결정하는 것이다. 나는 아무것도 모른 채 무모하게 장소와 싸움을 걸었다. 나는 '장소가 뭐가 중요한가? 은혜만 있으면 되지…' 라고 생각했다. 모르는 게 너무 많았다. 사람들이 교회를 향해서 원하는 것이 무엇인지 몰랐다.

장소가 없어도 문제지만 장소가 생겨도 문제다. 장소가 없으면 목회를 할 수 없을 만큼 사람들의 마음이 왔다 갔다 해서 현저히 안정감이 떨어지고, 장소가 생기면 그때부터는 그 장소에서 익숙하게 자신들의 교회를 만들어가느라 여념이 없다.

장소는 힘이 세다. 그냥 가만히 있어도 사람들이 원하는 교회가 되어간다. 장소가 없으면 오직 하나님밖에 없다. 그리고 우리가 섬겨야 할 도시가 있다. 그러나 예배당이 생기면 하나님과 도시는 없어진다. 오직 그 장소에서 은혜 받고, 행복하게 교회생활하는 것만 남는다.

그래서 점점 더 예배당이 소중해지고 예배당이 교회의 모든 것을 결정한다. 예배당을 넓히는 것이 사역의 중요한 부분이 되는 것이다.

教会를 내려놓다

안디옥선교교회를 개척하기까지 6년 넘게 아무런 시도를 하지 못하고 기다렸다. 교회는 본래 선교적 사명 안에서 개척되는 것이라는 말씀과 오직 부르셨다는 확신 하나로 버티는 때였다. 가끔은 부르심을 다시 생각해보기도 했다.

'왜 교회를 개척하는 것일까?'

그런 과정에 나의 마음의 동기를 알게 되었다. 당시 가장 우선순위에 둔 것은 하나님이 명령하신 선교를 위한 교회가 아닌 한국에 있는 교회를 갱신하는 모델로서의 교회 개척을 생각하고 있었던 것이다. 하나님은 그런 동기로 개척하는 것이 아니라고 말씀하셨고 난 어느 정도 순종했다. 어느 정도만 순종한 이유는 난 그런 문제가 그렇게 심각한 문제인 줄 몰랐기 때문이었다.

하나님의 목적은 분명하고 디자인은 섬세하다. 하나님께서 분당 안디옥선교교회를 떠나라고 하실 때 정확한 이유를 알지 못했다. 물론 내면의 갈등은 있었다. 비전을 따라 교회를 개척했지만 점점 비전과 멀어지고 평범하고 좋은 교회가 되어가고, 하나님을 위해 일하는 교회라기보다는 성도들의 필요를 채우는 일이 반복될 때의 갈등은 있었지만 그리 대단한 것은 아니었다.

후임자가 오지 않으면 교회를 오래 담임해야겠다는 것이 내 계획이었다. 목회는 성도들의 필요를 채우고 돌보는 것이라고 생각했기 때문이다. 본래 교회를 5년 이상 하지 않을 생각이었다. 권력을 투명하게 하자면 담임목사의 임기가 있어야 한다고 생각했고, 5년이 좋겠다고 생각했다.

그러나 5년이 채 되지 않았고, 교회는 막 부흥되고 있었다. 장소가 비좁기 시작했고 300명 이상 들어가는 장소로 이사하자고 기도하는 중이었다. 나는 교회를 떠날 것을 성도들에게 알리고 후임자를 알아보기 시작했다. 마침 좋은 목회자가 있어서 모두가 그를 모시기로 하고 기도하면서 설교를 부탁했는데 성도들도 좋아했다. 그러나 그는 오지 않았다. 나는 그 전에 이렇게 기도하고 있었다.

'이 분이 오시면 참 좋겠습니다. 만약 오시지 않는다면 제가 계속하겠습니다.'

그러나 하나님은 반대하셨다.

'그가 오지 않더라도 너는 내려놓으라.'

조금 답답했다. 무책임하게 느껴졌기 때문이다. 캠퍼스를 개척할 때처럼, 후임자가 온 후에 떠나야 모양이 좋은데…. 사도행전의 바울처럼 여러 교회를 개척하고 떠나서 새로 개척하는 좋은 모양으로 있고 싶었다. 하지만 좋은 교회를 하라는 것이 하나님의 뜻이 아니었다. 하나님이 가지고 계신 분명한 목적과 디자인에 합당한 교회를 해야 한다. 하나님이 먼저 주도권을 가지시고 일을 하시니 그분을 따라가지 않을 수 없었다.

하나님이 주시지 않는 동기는 설사 그것이 좋은 것이라 해도 결국 교회를 상하게 한다. 좋은 것을 하면 안 된다. 하나님이 하라고 하신 그 일을 해야 한다. 교회는 하나님이 주인이시다. 사람이 좋은 생각으로 교회를 이끄는 것이 아니다. 사람의 좋은 생각은 버려야 한다. 하나님이 주신 생각 밖으로 벗어나서는 안 된다.

나는 분당으로 간 지 7개월 만에 교회를 사임했다.

교회의 주인이신 하나님

교회는 하나님의 뜻과 사람의 마음에서 출발한다. 하나님이 디자인하시고 사람은 그 마음을 받아 꿈꾸게 되는 것이다. 교회를 시작하고자 할 때 하나님의 꿈을 받았는가? 정말로 교회가 하나님의 뜻에서 출발했는가? 물론 완벽하게 사람의 뜻이 없다고 할 수 없다. 그래도 출발부터 하나님의 구체적인 뜻으로부터 시작된 교회와 그렇지 못한 교회는 성장 과정과 결과에서 차이가 있을 수밖에 없다.

옥한흠 목사님은 "교회란 무엇인가"에 대한 답변이 목회철학이라고 말씀하신다. 맞다. 교회란 무엇인가에 대한 답변이 반드시 있어야 한다. 목회철학에 대해서 고민한 지는 오래되었다. 그러나 교회란 무엇인가에 대한 답변이 구체적이고 현실적이라는 것을 알지 못했다. 교회론이 이미 정형화되어 있는데 교회란 무엇인가에 대한 나만의 답변이 있어야 한다는 것이 생소했다.

우주적인 교회론과 개교회의 고유함에 대한 분별력 있는 생각이 없었다. 개교회에 대한 목회자의 답변이 있으려면 두 가지를 성실하게 수행해야 하는 것 같다.

교회론과 교회사를 열심히 읽어야 한다. 옥한흠 목사님도 한스 큉(Hans Küng, 스위스의 로마 가톨릭교회 신학자)의 글을 읽고 교회란 무엇인가에 대한 답변을 얻는 데 도움을 받았다고 한다. 목회자는 믿음의 선배들이 기록해둔 교회론과 교회사에 대해서 알고 있어야 한다. 그런 기반 위에 하나님께서 그 목회자에게 하시고 싶은 목회, 교회가 어떤 것인지 구체적으로 답변을 받아야 한다.

또한 목회자만 목회철학을 가지고 있어서는 안 된다. 목회철학을 함께 개척하는 사람들과 공유해야 한다. 나는 그것에 실패했다. 교회를 개척하는 내내 교회란 무엇인가에 대한 답변이 충분하지 않았기에 혼란을 피할 수 없었다. 사람들은 분명 자신이 원하는 교회가 있다. 목회자도 자신이 원하는 교회가 있다. 그런데 아무도 그런 사실을 정확하게 알지 못한다. 더군다나 교회의 주인이신 하나님이 원하시는 교회의 모습에 대해서는 더더욱 알지 못한다.

자신이 원하는 교회와 맞지 않을 때 우리는 부딪쳤다. 그것은 권위에 대한 문제가 아니라 목회철학이 부재함에서 오는 혼란이었다. 분당을 떠나 명동에 와서 교회 개척을 다시 시작하면서 난 그때의 심정을 이렇게 적어놓았다.

사실 난 실패감에 젖어 있다. 예수전도단 간사를 내려놓고도 그 랬다. 간사를 내려놓았을 때 사람들이 나를 어떻게 대하는지 경험했다. 사람은 자신의 필요를 따라 사람을 상대한다. 그건 나도 마찬가지다. 그럼에도 무엇을 기대했을까. 사역하면서도 난 끊임없이 사람들의 욕심에 시달렸다. 안정감 있는 삶을 위한 봉사요구, 리더십을 갖고 싶다는 요구, 돈을 달라는 요구, 교제를 잘하게 해달라는 요구.
'아, 이런 것이 사역인가….'
문제는 이런 요구들이 전혀 개선될 가망이 보이지 않았다는 것이다. 이렇게 가면 좋은 교회가 되기는 할 것이다. 그러나 일할 수는 없었다. 내가 보기에 일할 사람들이 아니었다. 그럼 훈련이었는가. 그렇다. 훈련이었다. 만약 신실하게 일할 수 있는 사람들을 붙여주셔서 일이 되었다면 나는 교만해졌을 것이다.
사역을 내려놓은 지금, 허탈하다. 그리고 조금 자신이 없다. 무엇을 보려고 사역을 하는 것일까. 그냥 지금 난 전쟁터에 서있을 뿐이다. 주께서 명령하셨기 때문에….

모든 것을 다 잘하는 사역자는 없다. 하나님도 사역자에게 모든 것을 잘하라고 하시지 않는 것 같다. 나는 도시의 청년들을 위해 부름받았다. 바울이 자신은 이방인을 위하여 부름받았고 그래서 이방인에게 빚을 지고 있다고 말한 것처럼, 하나님은 나를 조국의 청년들을 위해 부르셨다.

2007년, 처음으로 코스타(KOSTA, 해외 유학생 수련회)에 갈 때였다. '꿈이 있는 자유'의 한웅재 목사님으로부터 연락이 왔다.

"김길 목사님이시죠?"

"예, 김길입니다."

"여기는 코스타 국제본부인데요. 이번에 필리핀에서 하는 코스타에 한번 오시면 어떻겠습니까?"

"코스타요? 거기는 유명한 목사님들만 가시는 곳 아닌가요?"

"목사님, 오셔도 됩니다."

코스타에 가기로 했다. 그러나 자비량으로 가야 한다는 게 부담이 되어 가지 못할 것 같다고 했더니 비행기 티켓을 보내주셨다. 저녁 강의를 하게 되었다. 다들 무언가 문제가 있다는 표정이다. 처음 온 코스타에서 저녁 강의를 맡다니 나도 당황스럽다.

그럴 만도 한 것이 다른 강사님들의 면면이 정말 화려했다. 《내려놓음》의 저자 이용규 선교사님,《스타벅스 100호점의 비밀》

을 쓰신 맹명관 집사님, 석봉 토스트 대표이신 김석봉 선교사님, 이런 분들이 겸손하게 선택 강의로, 주제 강의로 섬기시는데 내가 뭐라고…. 그러나 예배드리는 청년들을 보니 마음이 새로워진다.

'그래, 너희들을 위해 하나님이 날 부르셨어. 너희들은 나의 부르심이야.'

피가 끓고 용기가 용솟음친다. 아무도 두렵지 않다. 모든 의구심이 사라진다. 하나님께서 조국의 청년들을 위해 쓰시고자 나를 부르셨다. 나는 그분의 손에 붙들려 있는 그릇이다. 내 맘내로 살 수 없고, 내가 원하는 교회를 개척할 수 없다.

하나님은 조국의 청년들이 먹고 사는 문제에 붙잡혀 아무것도 못하는 삶이 아니라, 예수님의 제자로 사명을 받아서 그 사명을 이루는 삶을 살도록 가르치고 돕기 위한 도구로 나를 부르셨다. 조국의 청년들이 가는 곳마다 하나님의 나라가 임하도록, 예수님의 제자로 살도록 그들을 훈련시키고 파송하는 삶으로 부르신 것이다. 청년들이 좋아하는 교회를 개척하기 위해서 나를 부르신 게 아니라 청년들이 하나님만 사랑하고 하나님의 사람이 되도록 돕는 책임을 맡고 있는 것이다. 그동안 나는 내게 맡겨진 책임이 무엇인지 잘 모르고 있었다.

9장

부르신 곳에서

인도하심 따라

안디옥선교교회를 떠나던 날은 비가 내렸다. 장년 성도들은 "목사님은 하나님의 뜻을 따라 움직이는 사람"이라며 이해해주었다. 청년들은 목사가 떠난 뒤 자신들이 사역할 것을 기대하고 있었다. 비를 맞고 버스를 기다리면서 깨어진 나의 의로움이 부끄럽다는 생각이 들었다.

2008년 5월 18일 주일, 명동에 갔다. 원래 신촌으로 가고자 했으나 하나님께서 명동으로 가라는 마음을 주셨다. 안디옥선교교회를 할 때 명동, 신촌, 강남, 모란, 분당에서 기도를 했다. 함께 기도하는 사람들과 기도한 곳마다 교회를 분립 개척하자고 약속했다. 그러나 사람들은 분립 개척하는 것을 부담스러워했고, 내가 먼저 나가서 개척하면 좋겠다고 했다.

명동에 혼자 나왔다. 리더들에게 혹시 같이 갈 사람 있냐고 물었으나 다들 힘들어했고, 결국 혼자 오게 되었다. 버스를 타고 명동성당 앞에 내려서 천천히 걸어갔다. 내리막길을 따라 외환은행 앞까지 갔다. 은행 앞에 벤치와 나무 그늘이 있었다. 벤치에 앉아서 기도하려고 했으나 사람들이 많이 다녀서 등을 돌려서 앉았더니 '제중원 터'라는 표지석이 보인다.

'아, 여기가 제중원이 있던 곳이구나.'

의사 알렌(Allen, 1858-1932)이 떠올랐다. 알렌이 명성황후의 조카인 민영익의 병을 고쳐서 고종이 세워준 병원이 제중원이다. 나중에 헤론을 비롯하여 언더우드, 아펜젤러 선교사가 초기 사역을 위해 머물렀던 곳이기도 하다. 명동에 나온 첫날 선교사들이 이 나라에 교회를 개척하고자 사역을 시작한 곳에서 처음 기도를 했다.

하나님이 주시는 마음이 있었다.

'조선에 교회가 없을 때는 눈에 보이는 교회를 많이 세웠는데, 이제는 눈에 보이는 교회가 많으니 너는 나랑 눈에 보이지 않는 교회를 해보지 않겠니?'

난 그렇게 하겠다고 약속했다.

그런데 '눈에 보이지 않는 교회'란 무엇인가. 교회론에 보면

가견적(可見的)인 교회와 불가견적(不可見的)인 교회에 대해 나온다. 《벌콥 조직신학》에서는 이 두 가지는 서로 분리된 개념이 아니라고 한다. 교회의 두 측면이라는 것이다. 그런데 하나님이 주신 마음은 그런 이야기는 아닌 것 같다.

'무슨 뜻일까?'

아마도 눈에 보이는 것에 집중하지 말고, 하나님의 이름과 영향력이 나타나는 교회를 하시겠다는 뜻이 아닌가 생각했다. 다행이다. 하나님께서 하시겠다니….

홀로 명동에서 기도하는 시간은 은혜로웠지만 한편으로는 힘들었다. 전에 없던 생각이 몰려왔다. 무언가 큰 기회를 놓친 것 같다는 생각이 들었다.

'왜 분당에 있는 좋은 교회를 내려놓고 나왔을까?'

다른 사람들, 심지어 선교단체에서 오래 사역하던 사람들도 나를 이해하지 못했다. 하나님께서 시켜서 내려놓았다는 것이 통하지 않았다. 무언가 죄가 있는 것 아니냐는 눈빛이었다. 정말 예상 밖이었다. 교회를 개척하고 사도 바울처럼 떠났다는 칭찬은 아니어도 무언가 뜻이 있어서라고 이해해줄 줄 알았는데 그것은 나의 철없는 생각이었다.

"아직도 그렇게 살고 있니? 이제 나이가 있잖아…."

대체로 이런 시각이었다. 실제로 나는 어느덧 마흔이 넘었다.

캠퍼스 사역을 하던 이십 대처럼 가볍게 움직일 나이가 아니라는 두려움이 마음에 들어왔다.

'내가 지금 뭐하는 걸까?'

명동에서 기도하다 아는 사람을 만났다.

"아, 목사님! 반가워요. 지난번 설교에 정말 은혜받았어요. 그런데 지금 여기서 뭐하세요?"

"아… 예, 지금 기도하고 있습니다."

"그래요….''

서로 뭐라 더 할 말이 없다. 민망하다.

'하나님, 아는 사람 만나지 않게 해주세요.'

그리고 생각한다.

'하나님, 제가 분당에서 너무 폼 잡아서 혹 저를 징계하시는 것 아니세요?'

하나님이 말씀하신다.

'너를 위해 준비한 교회가 있다. 너랑 꼭 하고 싶은 교회가 있단다.'

난 비로소 마음을 놓는다. 하나님이 원하시는 교회가 있고, 그것을 나를 통해서 하시고 싶다는 것이다. 그냥 좋은 교회가 아니라 하나님이 가지신 분명한 목적을 이룰, 그분의 섬세한 손길이 느껴지는 교회를 세우시기 원하신다는 것을 알기 때문이다.

한여름에는 길에서 기도하기가 힘들다. 덥기도 하지만 비가 자주 와서 더 힘들다. 하루는 태풍이 온다고 해서 큰 우산을 들었다. 거리에 서서 비를 맞으며 기도하면 정말 처량할 것 같았다. 우산을 들고 나오는데 하나님께서 가져가지 말라는 마음을 주신다. 그러나 이미 집을 나온 후였다.

명동으로 갔으나 비가 오지 않았다. 그날 하루 종일 비는 내리지 않았다. 저녁에 의정부 열방교회에서 강의가 있었다. 강의를 끝내고 다시 명동에 들러 집으로 가는 내내 큰 우산을 들고 다녔다. 힘들다. 우산도 힘들지만 불순종이 더 힘들다. 하나님은 더 힘드셨으리라….

분명 하나님은 명동에 계셨다. 기도할 때마다 강하게 역사하시는 하나님의 마음을 느낄 수 있었다. 그런데 난 늘 혼자라고 생각하고 마음이 위축되어 있었다. 일이 일어나고 사람들이 있어야 하나님도 계신다고 생각한다. 나의 마음이 어디에 있는지 보여주는 예이다. 그러던 어느 날, 이런 생각이 들었다.

'그동안 나는 외로웠지만, 하나님은 좋아하지 않으셨을까?'

왜냐하면 그동안 명동에서 아무도 하나님이 이 땅의 주인이라는 것에 대해서 영광을 돌리지 않았는데, 내가 매주일 그리고 평일에도 가끔 비록 혼자지만 계속 하나님께 영광을 돌리고 하나님이 주인이시라고 선포했으니 말이다. 그렇게 믿고 싶었다. 어쨌든 도심에서 혼자 기도하는 것이 생소했고, 심지어 우산으로라도 나를 보호하려고 했던 상황이었다.

몇 주 뒤 또 태풍이 왔는데 이번에도 우산을 가져가지 말라는 마음을 주신다.

'정말로 이번에는 순종이다.'

우산을 가져가지 않는다. 집을 나서는데 모자를 쓰고 가야 한다는 마음이 들었지만 그냥 집을 나선다. 명동에 도착해서 찬양을 시작하는데 비가 오기 시작한다. 옆 은행 건물로 비를 피할까 생각했지만 차마 발이 떨어지지 않는다.

"영광을 돌리세…."

입은 찬양하고 있지만 눈과 마음은 이미 옆 건물로 뛰어간다. 갈등이 일어난다. 비를 피하자. 그런데 어쩐지 발이 떨어지지 않는다. 찬양을 하면서 은행 건물과 하늘을 번갈아 쳐다본다. 먹구름이 몰려오고 있다. 다행이다. 비가 그친다. 약간 젖었지만 시원한 바람이 불어온다. 바람을 맞으니 순식간에 믿음의 싸움은 사라진다.

'아, 시원한 바람을 주시려고 먹구름이 몰려왔구나.'

하나님께 인도함을 받는 것을 다시 시작하고 있다. 아이가 되었다. 하나님은 나를 가르치고 싶어 하신다.

'길아, 항상 내 앞에 나올 때는 혼자 나오는 거다. 담임목사로 나오는 것이 아니라 너 혼자 나오는 것이다.'

'아… 그런가요?'

그러면서 분당 시절을 생각해보니 난 어느새 담임목사로서 하나님 앞에 나오는 것이 버릇이 되어 있었다.

'아! 정말 위험했구나.'

들에서 천둥벌거숭이처럼 돌아다니던 김길이는 어디 가고 분당에 있는 교회 목사로 하나님을 만나러 나오다니 가소롭고 부끄럽다. 다시 하나님 앞에 혼자 있다.

처음부터 그랬던 것처럼 지금 난 아무것도 없다. 그러나 난 하나님의 뜻 안에 있다.

아빠가 더 불쌍해

첫눈이 오던 날이었다. 명동으로 나가려는데 딸아이가 나를 부른다.

"아빠!"

"왜?"

"웬만하면 교회로 돌아가지 그래?"

"왜?"

"떠돌이도 아닌데 왜 떠돌아다녀?"

"희락아, 아빠는 하나님이 시켜서 정말 중요한 일을 하는 중이야."

그렇게 설득했지만 어린 딸에게도 감출 수 없는 엄연한 현실이 있다. 분당의 교회를 떠나오면서 가족들에게 미안했다. 아빠가 목사인데 두 아이가 집 근처 교회에 나가야 한다는 것이 미안했다. 모든 관계가 순식간에 없어진 아이들은 당황했다. 안디옥선교교회에 가고 싶다고 여러 번 말했지만 내가 힘들게 설득했다.

하루는 아내와 아이들과 함께 한 훈련 프로그램의 캠프에 가서 보물찾기를 했다. 나는 이미 보물 하나를 찾았지만 아들과 딸을 위해 두 개를 더 찾고자 열심히 돌아다니고 있었다. 성취욕이 강한 딸은 벌써 입이 부었다. 딸보다 내가 더 초조하다. 찾다보니 한 곳에 보물이 세 개나 숨어 있는 것이 보인다. 딸을 불렀더니 딸이 보물을 보고 흥분해서 모조리 낚아챘다. 갑자기 옆에 있던 꼬마가 울면서 하나만 달라고 한다. 선생님 말에 의하면 보물은 하나를 찾으나 둘을 찾으나 선물은 똑같단다. 하나를 주자고 했으나 딸은 막무가내다.

"왜 내가 찾은 것을 다른 사람한테 줘?"

결국 그 아이에게 내가 찾은 것을 주었다. 그랬더니 딸이 곧 울 것 같다. 나는 딸을 달랜다.

"희락아, 아이가 울잖아. 불쌍해서 준 거야."

딸은 분명하게 말한다.

"아빠가 더 불쌍해!"

딸은 내가 살아온 이야기를 들을 때마다 정말 놀랍긴 한데 자기도 그렇게 될까봐 무섭다고 말하곤 했다.

"딸아, 너는 그렇게 되지 않을 거다. 아빠도 그렇게 되는 것을 원하지 않는단다."

나는 딸에게도 하나님이 분명히 살아계셔서 우리를 인도하신다는 것을 증명해야 한다. 힘들다.

난 행복한 도시 선교사

이십 대에 난 캠퍼스 사역자였다. 그 후로 여기저기 불러주는 대로 가서 강의를 하는 강사가 되었다. 본격적으로 강의를 시작할 때 한 교회에서 열리는 청소년집회 강사로 초청받았다.

"어떻게 저를 아시고 부르셨어요?"

"아, 누구 소개 받았는데 부르고 싶었습니다."

"아, 네."

"그런데 약력이 어떻게 되세요?"

"전에 예수전도단 대학부 간사였습니다."

"그렇군요. 그럼 지금은 뭐하세요?"

"집에서 쉬고 있습니다."

"그래요?"

강사로 일하는 6년 동안 내 약력은 전(前) 예수전도단 간사였다. 변변한 약력이 있었으면 했지만 주어지지 않았다. 그런데 명동에 나와서 나의 약력을 확실하게 찾았다. '도시 사역자' 혹은 아시아의 대도시를 타깃으로 삼은 '도시 선교사'이다.

명동에 처음 오던 날부터 머나먼 길을 돌아 이제 나의 땅에 제대로 왔다는 느낌을 받았다. 물론 명동에 내 이름으로 된 땅 한 평도 없다. 그러나 명동은 하나님께서 나에게 주신 땅이라는 생각이 든다. 그동안 여러 곳에서 다양한 일을 통하여 훈련받았는데 이제 하나님께서 주신 나의 땅이 생긴 것이다. 명동을 거닐 때마다 그런 안정감을 느낀다. 기도할 때마다 하나님께서 확신을 주신다. 명동에서 승리하면 아시아의 대도시로 갈 수 있다는 것이다.

나는 목포에서 태어나고, 광주에서 초등학교 5학년 때부터 대학을 졸업하고 간사가 될 때까지 살았다. 재수할 때 광주 시내 학원에서 수학 강의를 들은 적이 있다. 그때 경험한 도시의 아침은 황량했다. 지난밤 사람들이 욕심껏 놀고 난 후의 도시는 지저분하고 조용한 것이 조금 기괴하기까지 했다. 하지만 무거운 침묵 속에서 청소하는 사람들만 오가는 그 도심의 아침이 아름답다는 생각도 들었다.

서울에 올라 와서도 어디가나 카페가 있고, 신문을 살 수 있고, 밤늦게도 버스가 다닌다는 것이 정말 행복했다. 조금만 어두워지면 차들이 끊기고 인적이 드문 곳에 가면 무섭다. 도시의 네온사인은 나에게 안정감을 준다.

처음 신촌 스타벅스를 갔을 때 충격이 지금도 잊히지 않는다. 스타벅스는 여러 가지 면에서 혁신적이었다. 일단 커피 메뉴가 많은 것에 놀랐다. 커피 이름만으로도 주눅 들기에 충분했다. 아는 커피가 없다. 아이스 카라멜 마키아토, 세상에 이렇게 맛있는 커피가 다 있는가….

멋진 유니폼을 입은 사람들이 휙휙 지나다니고, 기계에서 치이익 소리를 내면서 거품과 연기가 나오는 모습은 충분히 매력적이었다. 3층짜리 건물 전체가 다 카페라는 사실도 놀라웠다. 더욱 놀라운 것은 그곳에 청년들이 가득 차 있었다. 놀랍고 부러웠다.

'교회가 저렇게 되었으면 좋겠는데….'

청년들의 얼굴이 교회에 오는 표정과는 비교도 안 되게 자유롭고 즐겁다. 탁자 위에 있는 전공서적들과 노트북, 감각적인 커피잔, 스타벅스를 자랑스럽게 나타내는 냅킨과 안내지.

'저런 것이 모두 교회에 있어야 하는데….'

그때부터 스타벅스는 나의 경쟁 상대였다. 반드시 그런 교회를 세우리라. 청년들이 들끓는 교회를. 스타벅스나 커피빈을 생각할 때마다 교회가 떠오른다. 그곳은 젊은이들의 공간이다. 그리고 동일한 커피 맛과 인테리어, 브랜드를 가지고 급속히 전 세계적으로 현지화가 가능하다. 어느 도시에서나 스타벅스나 커피빈은 통한다. 나의 생애 동안 교회를 통해 이런 일을 꼭 해보고 싶다. 잘 안 된다 하더라도 이 길을 갈 것이다. 하나님나라의 번성함을 보고 싶다.

명동에 크리스천 청년 카페가 서기를 기도한다. 카페를 임대한다는 광고를 보면 눈이 번쩍 뜨인다. 명동을 거닐면서 그런 생각이 들었다. 부담만 갖지 말고 자연스럽게 기도하면 기도가 익을 때 자연스럽게 일이 일어날 것이라고. 이것은 내 생각 같지 않고, 성령님의 생각 같다.

하나님은 나를 도시 사역자로 부르셨다. 도시는 나의 사역지다. 하나님 한 분만 인정해주신다 할지라도 난 분명히 명동의 사역자다. 명동은 나의 사역지다. 그래서 나는 행복하다.

이곳에서 예배하라

명동에 와서 몇 개월이 흘렀다. 감사하고 즐겁다. 명동에서 기도하면 할수록 부르심이 확실해진다. 혼자 기도하지만 결코 혼자라는 생각이 들지 않는 것은 아마도 하나님의 뜻 안에 있기 때문일 것이다. 도시에서 기도하는 삶으로 불러주신 하나님께 감사드린다.

을지로 로터리에서 명동을 바라보면서 예배를 드렸다. 하나님이 부어주신 마음은 '서울은 아시아의 관문'이라는 것이다. 아시아 복음화를 위해서는 서울의 역할이 결정적이다. 서울이 어떻게 되느냐에 따라서 아시아의 복음화가 결정될 것이다. 아시아를 복음화하려는 하나님의 뜻과 원수의 방해가 격렬하게 일어나는 곳이 서울이다. 원수들이 그동안 제대로 도전받지 않고 자신들이 원하는 것을 했는데 이제는 하나님의 성품과 권능으로 제대로 된 공격을 받아야 하고 그들은 힘을 잃어야 한다.

중앙우체국의 아담한 자리로 갔다. 늘 중보기도하고, 예배드리는 곳이다. 혼자서 예배를 드렸다. 예수님만을 높이는 예배, 오직 마음을 예수님께 집중하는 예배를 드린다. 늘 그렇지만 하나님을 높이는 일은 방해를 받는다. 갑자기 더워지고, 사람들이 오간다. 집중력이 떨어진다. 조용히 앉아서 기도하다가 일어나서 본격적으로 하나님을 높이는 찬양을 했다. 여러 찬양을 했지만 마지막 찬양이 특별히 기억에 남는다.

교회를 세우시고 이 땅 고쳐주소서
주님 나라 임하시고 주 뜻 이뤄지이다

일어나서 중앙우체국, 신세계백화점, 한국은행을 보면서 예배를 드렸다. 세상에 둘러싸여 있는 교회! 그러나 예수님이 이 땅의 주인이시라는 것과 모든 피조물이 예수님 다스리시는 그때를 기다린다는 것을 확실히 안다. 특별한 마음을 주신다.

'이곳에서 예배하라!'

사람들이 오면 이곳에서 주일 아침마다 예배드리라는 마음을 주신다. 명동에 세우실 교회를 위해 마음에 품고 예배를 드렸다. 하나님이 이미 계획하신 그 교회를 마음에 품고 예배드렸다. 선선한 바람이 분다. 공격은 물러가고 하나님이 높임을 받으신다는 행복함이 밀려온다.

하나님이 만족하시는 예배

예배는 하나님께서 영광을 받으시기 위한 것이므로 말씀이나 찬양은 하나님이 정하신다. 설교자가 하나님이 주신 말씀이 아니라 자신이 원하는 말씀을 전하면 전하는 사람이나 듣는 사람이나 하나님이 주시는 은혜를 받지 못한다. 그것은 찬양도 마찬가지다. 같은 노래여도 자신이 부르는 노래와 하나님이 주신 노래는 은혜가 다르다. 혹 사람의 감정에 일시적인 위로를 줄 수 있을지는 몰라도 하나님 임재 앞에서, 그의 영광 앞에서 자신의 삶이 바뀌는 진정한 은혜는 없는 것이다.

예배인도자에게 노래를 하나님께 받아야 한다고 늘 권면했다. 자신이 원하는 노래가 아닌 하나님이 주시는 노래로 예배를 드려야 한다고 신신당부하는 것이다. 명동에서 혼자 예배를 드릴 때 자주 부르던 찬양이 있다. 특별히 생각하지 않으면 자연스럽게 그 찬양이 나왔다.

영광을 돌리세 우리 하나님께
존귀와 위엄과 능력과 아름다움
만방의 모든 신은 헛된 우상이니
오직 하늘의 하나님 그 영광 찬양해

12월 즈음에 중앙우체국 앞에서 또 자연스럽게 이 찬양을 하고 있는데 마음에 하나님이 말씀하시는 것 같다.

'영광을 돌릴 노래가 그것밖에 없니?'

난 당황했다. 변명하기에 급급하다.

'아… 예, 요새는 기름부음 있는 노래가 잘 안 나와요.'

이후 나는 하나님께 영광을 돌리기에 합당한 새 노래를 찾느라 고심했다.

예배는 하나님이 받으신다. 예배는 사람이 은혜받기 위해 드리는 것이 아니라 하나님께 영광을 돌리기 위해 드리는 것이다. 물론 하나님께 영광을 돌리면 하나님이 주시는 은혜가 반드시 있을 것이다. 예배인도자는 사람들이 듣기에 좋은 노래를 선택해서는 안 된다. 사람들이 부르기 좋아하는 노래를 선택해서도 안 된다. 물론 그렇다고 사람들이 부를 수 없는 노래를 선택하는 것도 현명하지는 않다.

어쨌든 예배를 생각할 때 첫 번째로 생각해야 하는 대상은 하나님이시다. 우리가 은혜를 얼마나 받는가 하는 것은 첫 번째 고려 대상이 아닌 것이다. 하나님께 영광을 돌리기 위해서 사람들이 수고함으로 예배를 드리는 것도 좋은 일이라는 생각이 든다. 편안하게 은혜를 누리는 것이 좋을 수도 있지만 하나님께 영광을 돌리기 위해서는 수고가 필요하다는 생각이 든다. 자신의 삶을 돌아보지도 않고, 영혼이 어떠한지 살피지도 않고, 아무 생각 없이 오직 좋은 소리 듣고 싶어서 예배드리러 나온다면 하나님께서 어떻게 생각하실 것인가.

항상 예배가 잘되는 것은 아니다. 그러나 하나님께 순종하는 예배인지 자신이 원하는 예배인지는 금방 알 수 있다. 어떤 사람들은 조금만 환경이 바뀌어도, 조금만 어려운 일이 있어도 예배를 드리지 못한다. 예배가 내 삶을 기준으로 결정되는 것이다. 각자의 삶이나 감정이 기준이라면 얼마나 믿지 못할 것이 예배 때 받은 감동인가. 그래서 사람들이 얼마나 은혜를 받았는가 하는 것이 예배의 최종 기준이 아니다. 하나님께서 얼마나 영광을 받으셨는가 하는 것이 기준이다.

사람들에게 은혜를 끼치고자 하기 전에 하나님께 영광을 돌리고자 해야 한다. 가만히 앉아서 은혜가 오나 안 오나 살피면서 예배드리는 태도를 바꾸어야 한다. 하나님께 영광을 돌리기 위해서 준비하고, 수고하는 예배가 되어야 한다.

깊은 회개

명동에서 혼자 기도하고 있을 때 하나님께서 마음을 주셨다.

'길아, 명동에 오는 사람들의 표정을 보아라!'

난 처음으로 사람들의 표정을 주의깊게 관찰했다. 모든 사람들이 무언가 자신이 원하는 것을 하고자 하는 표정이었다. 맛있는 것을 먹고자 하는 사람, 좋은 것을 쇼핑하고 싶어 하는 사람, 재미있게 놀고 싶은 사람 등 돈을 내고 원하는 것을 얻기 위한 표정이었다. 계속해서 하나님이 마음을 주신다.

'길아, 사람들은 저런 표정으로 교회에 온단다.'

교회에 하나님을 높이고 영광을 돌리기 위해서 와야 하는데 자신이 원하는 것을 얻기 위해 온다는 것이다. 명동은 사람들이 자신이 원하는 것을 하기 위해 오는 땅이다. 그것은 명동의 주인 되신 하나님 앞에 죄다. 하나님은 마땅히 모든 땅과 모든 사람들에게서 영광을 받으셔야 한다.

명동에서 내가 하는 일은 그들을 대신해서 회개하고 영광을 돌리는 것이다. 그러나 기도하는 나의 삶에도 하나님께 영광 돌리는 것이 아니라 내가 원하는 것을 얻고 싶은 마음으로 하나님 앞에 나오는 경우가 많았다. 내가 원하는 것을 이루기 위해 하나님을 이용하려 했던 잘못된 삶에 대해, 또 그런 기대로 교회를 이루고자 했던 것에 대해서 회개했다.

중보기도는 주문이 아니다. 하나님은 인격이시고 살아계신다. 기도는 살아계신 하나님께 사람이 말로 하는 고백이다. 그래서 우리는 기도를 하나님 앞에서 대화하는 것이라고 표현한다. 기도는 말하는 사람이 있고, 그것을 자세히 들으시는 하나님이 계시다. 따라서 누가 기도하는지가 중요하다.

하나님께서 인정하는 사람의 기도와 그렇지 못한 사람의 기도는 그 역사가 다르다. 그럼 나는 하나님의 역사가 있을 만한 삶을 하나님께 보여드렸는가. 명동에 오는 사람들과 나는 무언가 다른 것이 있었는가. 고백하건대 아니었다. 나도 똑같이 돈을 내고 내가 원하는 것을 얻으려고 하는 사람이었다. 하나님께 영광을 돌리고, 다른 사람들을 위해 희생하거나 수고하는 삶이 아니었다. 그런 사람들이 명동을 향하여 하나님께 영광을 돌리라고 기도할수는 없는 일이었다. 도시를 위해 기도한다고 했지만 한참 동안나 자신을 위해 기도해야 했다.

예수님의 성품을 전하다

여름에 명동에서 기도하다가 사람들이 더위에 힘겹게 걸어가는 것을 보며 문득 예수님이 얼마나 시원하신 분인지 알려주고 싶은 생각이 든다. 예수님에 관한 사실을 입으로 말하는 게 아니라 행동으로 직접 예수님이 얼마나 좋으신 분인지 알게 하고 싶다.

스타벅스 캔커피가 떠오른다. 청년들이 좋아하고, 무엇보다 비싸다. 보통 캔커피보다 도매가가 몇 배 비싸다. 그래서 딱이다. 예수님은 귀한 분이시고 우리에게 제일 좋은 것을 주시는 분이라는 것을 알게 하고 싶다. 기도를 시작한다. 기쁨이 샘솟는다.

기도 속에서 전도를 했다. 그런데 캔커피를 받는 사람들의 표정이 좋지 않다. 왜 이런 것을 주느냐는 표정이다. 난 좋은 일을 하면서도 위축된다. "한번 드셔보세요" 하고 사정하고 싶어진다.

'왜 예수님을 이렇게 전해야 한단 말인가…'

당당하게 예수님을 전하고 싶다. 예수님은 정말 좋은 분이다. 누구나 그 예수님을 진정으로 만난다면 인생이 좋아진다. 내 입장에서 수백 억의 복권에 당첨되는 것과 그 사람이 예수님을 믿는 것 사이에 선택하라면 당연히 예수님 믿으라고 권면할 것이다. 그 예수님을 마음이 위축된 상태에서 전할 수는 없다.

나는 그 예수님을 만났고, 그들도 그 예수님을 알아야 한다. 정말 알았으면 좋겠다. 효험 있는 병원만 알아도 적극적으로 소개

하는데 하물며 예수님이랴. 예수님의 좋으심에 대한 경험과 확신 그리고 그 예수님이 필요한 사람들에게 아무 조건 없이 돈을 들이는 이유는 하나님의 신실함을 선포하는 전쟁의 일환이다.

"사랑하는 여러분, 예수님은 좋은 분이십니다. 신뢰할 만한 분이십니다."

부활주일에는 예쁘게 포장한 삶은 계란과 웰치스를 나누어 주었다. 지나가는 사람들이 말한다.

"와! 이 교회 부자인가보다. 이런 걸 공짜로 주고…."

복잡한 마음이 들었다. 모임 장소도 없이 길거리에서 모이고 있는데 갑자기 부자 교회가 되었다. 속사정이야 어떻든 가장 좋은 것을 주고 싶어 하시는 예수님의 성품이 전달되기를 기도하면서 나누었다.

한번은 부산 해운대에 가서 퀴즈를 내면서 전도를 한 적이 있다. 형식은 퀴즈를 맞히면 선물을 주는 것이었지만 내용은 복음이었다.

"크리스마스 때 누가 오신지 아십니까?"

"산타클로스!"

난감했다.

"교회 다니는 사람들이 믿는 분인데요?"

"아, 예수님!"

"맞습니다! 그러면 예수님이 오셔서 예수님을 믿는 사람들에게 죄를 용서하시고 자유함을 얻게 한 것을 무엇이라고 할까요? 보통 예수 믿고 무엇을 받는다고 그러는데요?"

거의 모든 사람들이 "구원"이라고 대답했다. 나는 많은 사람들이 예수님도 알고 심지어 구원도 알고 있음을 보고 충격을 받았다. 사람들이 몰라서 교회에 오지 않는 것이 아니다. 경험되지 않은 것이다. 예수님의 성품과 능력이 경험되어야 한다. 말로만 예수님을 전하고 싶지 않다.

명동을 지나가는 청년들을 볼 때마다 반드시 그들을 교회 안으로 오게 해서 자연스럽게 예배드리게 하고 싶다는 생각이 든다. 예수님이 얼마나 좋은 분인지 알게 하고 싶다.

가수 김장훈 공연을 오프닝으로 하고 간식 돌리고 바로 이어서 신나는 예배를 드리는 것이다. 선교지에서 선교사가 그 지역의 문제와 싸우듯이 명동의 영적인 문제와 아울러 현실적인 문제를 해결하는 전도를 하고 싶다. 브라질 빈민가에 수도 시설이 필요하다면, 북한에 국수 공장과 백신이 필요하다면 명동에 필요한 것은 무엇일까. 명동의 청년들, 예수님을 모르는 조국의 청년들에게 필요한 것을 주고 싶다. 예수님은 그들에게 가장 귀중한 생명도 주셨는데, 그 어떤 것이라도 주시지 않겠는가? 교회도 그것을 주어야 한다.

좋은 교회를 거부하다

그동안 큰 교회를 세우는 꿈을 꾸었다. 그래서 많은 사람이 오는 것과 예배드릴 좋은 장소를 늘 꿈꿨고, 설교를 더 잘하고 싶었다. 은혜롭게 예배가 드려져야 사람들이 올 것이라 생각했기 때문이다. 서울의 어느 대형교회에서 예배드릴 때 주셨던, 하나님께 순종한 한 사람이 큰 교회보다 더 크다는 하나님의 가르침을 잊고 눈에 보이는 사람들과 건물과 프로그램에 집중한 것이 사실이다. 그래서 사람을 볼 때 그 사람이 하나님 앞에서 어떻게 있는가 하는 것보다는 그가 교회에 도움이 된다면 좋다고 생각한 것이다.

교회가 성장하는 것보다 사람들이 하나님 앞에서 어떻게 살고 성장하는가 하는 것이 중요하다. 하지만 "하나님 앞에서 당신이 어떤 사람입니까?" 하는 식의 사역은 서로를 피곤하게 한다. 적당히 서로를 모르는 것이 사역하는 데 더 낫다. 그런데 그럴 수는 없다. 우리는 예수님의 몸으로서 서로 성령 안에서 하나된 것이다. 더 이상 어떤 사람의 하나님을 향한 태도가 나와 상관없는 것이 아니다. 그 사람이 하나님과 어떻게 지내는가 하는 것이 교회 차원의 문제가 된다. 교회는 각 사람이 하나님 앞에서 잘 살도록 끊임없이 서로를 하나님 안에서 도와야 한다.

한 사람이 예수님을 믿고 자유함을 얻어서 영원히 생명 안에서 즐겁게 하나님과 동행하는 삶을 사는 것이 얼마나 놀라운가.

그저 이 땅에서 잘 먹고 잘 살고 싶은 사람을 예수님의 사명을 이루는 사람이 되게 한다는 것은 얼마나 놀랍고 쉽지 않은 일인가. 바울의 표현처럼 복음 안에서 사람을 낳는다는 것이 지금 교회 현실에서 가능할지 모르겠지만 우리 교회는 그렇게 방향을 잡고 가고 있는 중이다. 나는 늘 질문한다.

'하나님, 이렇게 해도 교회가 성장할까요? 사람들이 안 올 텐데요.'

하나님은 늘 그렇듯이 내 마음의 태도나 상태와는 상관없는 딱 떨어지는 마음을 주신다.

'생명이 있으면 된다.'

사람들이 한두 명씩 모이기 시작했다. 사람들이 모이자 오전에 명동에서 기도하고 오후에는 종로 3가에 있는 카페 하나를 빌리게 되었다. 명동에 와서는 이전에 안디옥선교교회를 하던 것과는 많이 달라졌다. 무엇보다 교회가 도시를 변화시키는 사역을 해야 한다는 게 확실해졌다. 이미 명동에서 7개월 동안 혼자 기도하면서 충분히 마음을 받았고 기도를 쌓았기 때문에 교회 방향은 잡혀 있었다.

그러나 사람들은 도시 사역보다는 좋은 설교나 좋은 분위기, 좋은 사역을 더 원했다. 하나님은 목사인 내가 아닌, 함께하는 교회 지도자들을 검증하고 싶어 하셨다. 나는 그들을 안타깝게 지켜

볼 뿐이었다. 목사가 말한다고 되는 것이 아니었다.

그러던 어느 날 다시 좋은 교회가 되고, 나의 삶이 좋아지는 쪽으로 사람들의 마음과 교회가 움직이고 있는 걸 보았다. 나는 강력하게 말했다.

"우리 교회는 좋은 교회가 되어서는 안 됩니다. 우리는 사명이 분명한 교회입니다. 재정이 투명하고, 평신도들이 즐겁게 사역하고, 창의적으로 전도하고, 명동 지역을 위해 기도하는 좋은 교회를 만들자는 것이 아닙니다. 아시아의 대도시를 복음화하기 위해, 예수님의 지상명령 성취를 위해 교회를 세우는 것입니다. 내가 원하는 교회가 아니라 예수님의 명령을 삶을 드려 수행하는 교회가 되어야 합니다."

사람들은 이해하지 못했다.

'대체 목사님은 우리에게 무슨 문제가 있다는 거지?'

그들은 나의 괴로움을 알지 못했다. 조급증에 걸려 있는 사람을 보듯 '왜 저렇게 편하지 못할까' 하는 표정들이었다. 타협할 수 없다.

좋은 교회는 많다. 좋온 교회를 원하고 자신의 삶을 좋게 하고 싶으면 그 교회로 가야 한다. 나는 우리 교회는 사명을 이루는 군대와 같은 교회, 군인으로 무장되는 성도, 도시를 변화시키는 교회가 되어야 한다고 몇 달에 걸쳐서 무섭게 말했다. 이 사명에 헌신하지 않을 거면 좋은 교회로 가라고.

나도 다시는 명동을 떠날 수 없었다. 타협하면 또 나는 떠나야 할 것이다. 명신교회의 주인이신 하나님의 뜻대로 가야 했고 성도들의 필요와 타협하면 안 되었다. 사람들은 설교 시간을 피해 다른 것에서 위로를 찾고 있었다. 나는 마지막 선택을 했다. 모두가 내려놓고 다시 한 번 교회의 사명을 생각해보고 그 사명에 따라 훈련을 받을 것인지를 생각해보자고 하고 헤어졌다.

헤어진 지 한 달가량 지나 사람들에게서 연락이 왔다. 사명에 헌신하고 군사의 삶을 살겠다는 것이다. 내가 직접 연락하지 않았다. 모든 휴대전화 번호를 지워버렸었다. 더 이상 사람 눈치보는 목회를 하지 않을 생각이었다. 오직 예수님을 위해 하는 것이다. 명동에 영원히 혼자 있다 해도 나는 교회를 개척하는 것이 아니라 하나님의 나라를 확장하는 데 사용되고 싶다. 목사의 교회, 성도들의 교회가 아니라 하나님의 나라가 명동과 아시아의 대도시를 다스리는 것을 보고 싶다. 그리고 그곳에서 이 찬양을 하고 싶다.

우리는 주의 움직이는 교회
이곳은 주님을 위한 자리
내가 기도하는 모든 땅 위에서
하나님 예배받을 그날을 고대하네

하나님의 길을 가라

교회는 그리스도의 몸이다. 예수님이 머리시고, 성령이 하나되게 하시고 우리는 각 지체로 연결된 몸인 것이다. 선교단체에서 은혜로 연결된 공동체를 경험해서 당연히 교회도 그렇게 되는 줄 알았다. 그런데 원수는 계속해서 사람들을 건드렸다.

원수가 타깃으로 삼는 사람은 삶이 어려운 사람들이다. 삶에 어려움이 있는 사람은 마음이 상해 있기 때문에 원수의 공격에 쉽게 넘어간다. 삶이 어려워서 마음이 상한 사람은 처음에는 그 문제를 자신의 것으로 고민하지만 점차 그 고민과 문제가 교회의 문제가 되기 시작한다. 그런 지체를 보고 있으면 오금이 저려온다.

'아, 저 문제가 교회를 그리고 나를 얼마나 괴롭힐까.'

삶이 어려운 사람들의 특징은 목회자의 권위를 인정하지 않는 것이다. 교회를 개척하면서 제일 힘든 것은 목회자가 권위를 갖는 일이다. 사람들을 올바른 방향으로 이끌어가려면 영향력과 권위가 있어야 한다. 그러나 권위는 누가 주는 것이 아니라 스스로 만들어가야 한다. 사람들이 인정해주는 권위가 없는데 어려운 사람을 올바른 방향으로 인도한다는 것은 불가능하다.

특히 개척교회는 성도의 수가 많지 않아 누군가에게 문제가 생기면 바로 교회의 문제가 된다. 전혀 그럴 사람이 아닌데도 자신의 문제를 교회의 문제로 만들 뿐만 아니라 목회자의 문제로 만든다. 이런 문제가 생기면 목회자는 약해진다. 문제 제공자는 여차 하면 교회를 떠나면 된다. 그러면 자신을 보호할 수 있다. 그러나 사역자와 남은 사람들은 말할 수 없는 상처를 받는다.

아마도 사역자가 가장 상처를 받을 것이다. 사역은 물론이고 사람들의 얼굴을 보기도 민망하다. 모든 것이 나 때문이라는 생각이 든다. 떠나는 사람들은 결코 자신이 잘못해서 떠난다고 말하지 않기 때문이다. 모든 사람들이 '왜 그 사람이 떠났어요?' 하고 사역자를 쳐다보기 때문이다. 거기에 대고 믿어달라고 말하는 것은 정말 힘들다.

어느 날 버스를 타고 여의도로 가는 중이었다. 어떤 자동차 회사 건물에 광고 문구가 눈에 뜨인다.

"Drive your way! (너의 길을 가라)"

마치 하나님께서 나에게 말씀하시는 듯하다.

'길아, 너의 길을 가라! 사람을 보지 마라. 어차피 너의 양(羊)은 정해져 있다. 양이 아닌 사람들을 붙잡지 말고 하나님이 보내신 너의 양들과 너의 길을 가라!'

마음속으로 굳게 결심한다.

'그래, 나의 길을 가자. 사람들 의식하면서 나의 길이 아닌 곳으로 가다가 모든 것을 잃느니 하나님이 주신 내 스타일대로 하자. 사람들에게 휘둘리지 말자.'

굳게 다짐한다. 그 후로는 원수가 사람들을 공격해서 나를 어렵게 하는 일들이 현저하게 줄어들었다. 하나님 외에 다른 것에 마음을 두면 반드시 공격을 받는다.

마음은 우리의 생각과 행동이 출발하는 곳이다. 그 사람의 마음이 그 사람을 결정한다. 그런데 그 중요한 마음을 예수님께 두지 않고 허망한 것에 두는 경우가 있다. 불행한 가정에서 자란 사람은 행복한 가정에 마음을 둔다. 인생이 원하는 만큼 성공적이지 못하다고 생각하는 사람은 자신의 야망에 마음을 둔다. 어떤 사람은 돈에, 어떤 사람은 인정받는 것에 마음을 둔다.

마음의 중심을 예수님이 아닌 것에 두기 시작하면 마음은 정처가 없어진다. 내가 누구인지, 무엇을 하는 사람인지 모르기에 생각과 행동도 갈피를 잡지 못하고 방황하는 것이다. 마음이 낙담되거나 헛된 꿈에 부풀어 늘 쉽게 원수의 공격에 노출된다. 낙담과 미혹을 오가는 이런 상태는 하나님의 안식에 들어가지 못하는, 신실하지 못한 자세이다.

이스라엘 백성들이 그 마음을 하나님께 둔 것이 아니라 잘 먹고 잘 사는 것에 두었기 때문에 늘 하나님을 시험한다. 그리고 원망한다. 하나님은 그들이 그렇게 함으로써 안식에 들어오지 못한다고 하셨다. 단순히 마음을 잘못 먹은 것에서 끝나지 않는다.

사랑한다는 것은 마음이 일관되고 진실하다는 것을 말한다.

결혼한 남녀가 다른 사람에게 마음이 간다면 어떻게 하루라도 서로 평안히 살 수 있겠는가. 마음을 다른 데 두는 것은 사랑이 아니다. 하나님은 우리가 하나님을 가장 사랑하기 원하신다. 마음과 뜻과 힘을 다하여 사랑하라고 말씀하신다. 하나님을 사랑하는 것에 실패하면, 참된 안식에 들어가지 못하게 된다.

교회를 잘 이끄는 것보다 성도들을 잘 돌보는 것보다 하나님을 더 사랑해야 한다. 교회를 크게 하고, 성도들을 더 많이 모이게 하기 위해 세상의 방법을 따라가면 안 된다. 하나님께서 보내신 사람과 하나님의 길을 가야 한다. 하나님만을 사랑하는 그 길을 가야 한다. 하나님을 사랑한다는 것은 마음이 하나님께 집중되어 있다는 것이다. 그렇게 집중된 마음에 다른 것이 끼어들 수 없다. 집중된 마음으로 하나님만을 구할 때 모든 상황을 다스릴 수 있게 된다.

삶에는 항상 문제가 있다. 문제를 해결하려 하지 말고 하나님께 집중하자. 내 마음이 하나님께 집중되어 하나님 사랑하는 마음으로 가득하다면, 그것은 하나님을 신뢰하는 믿음으로 충만한 것이고, 반드시 믿음대로 역사가 일어날 것이다.

열방을 향한
아버지의 마음으로

주일 아침 도시에서 청년들이 곳곳에 모여

조용히 찬양하고 도시를 위해 기도한다.

아무도 그들을 주목하지 않는다.

그러나 하늘에서는 천국잔치가 벌어지고

놀라운 승리가 일어난다.

하나님이 기뻐하시는 깊은 임재.

아무도 모르지만 하늘에서 기뻐하고

땅에서는 기뻐하심을 입은 사람들 중에 평화가 임한다.

조국의 민주화를 위해 인생을 드리고 싶었다. 그러나 하나님은 그 길을 막으시고 하나님께 헌신하는 삶으로 부르셨다. 조국교회가 다시 한 번 부흥하는 것에 삶을 헌신했다. 좋은 교회 담임목사가 되는 것은 나의 삶이 아니었다.

하나님의 말씀에 순종하여 명동에서 조국을 위한 기도를 하는 중에 불신(不信)과의 전쟁이 필요함을 알게 되었다. 우리나라는 오랜 세월 동안 외침을 당해왔고, 그 외침(外侵)의 끝은 조선의 멸망이었다. 놀랍게도 그 시기에 조선의 교회는 시작되고 있었다. 조국의 교회는 조선의 멸망, 일제 강점기, 한국전쟁이라는 아픔 속에서 성장했다. 필연적으로 불신과 싸울 수밖에 없는 구조였다.

기도하다 우연히 신문에서 미국의 학자 프랜시스 후쿠야마 교수가 한국을 대표적인 '저신뢰 사회'라고 말한 것을 보았다. 나는 우리나라에 하나님의 성품 중 신뢰와 신실함이 가장 필요하다는 생각이 들었다. 그래서 교회 이름을 명동의 신실한 교회라는 의미인 '명신교회'(明信敎會)로 짓게 되었다.

이 땅은 특별히 하나님의 성품 중에서 신실함이 필요하다. 조건 없이 일관되게 사랑을 부어줌으로써 불신을 걷어내기 원한다. 명동이 하나님의 신실함으로 가득할 때 조국은 하나님의 신실함, 신뢰로 충만한 나라가 될 것이다. 사람들이 하나님을 신뢰하고, 교회를 신뢰하고, 서로를 신뢰하게 되는 나라를 만드는 것이다. 하나님의 성품이 충만한 나라가 되게 하는 것이다.

하나님은 명동을 '명례방'(明禮坊)이라는 옛 이름처럼 예배를 받으시는 곳으로 세우셨다. 그러나 원수는 명동을 사람들의 욕심을 채우는 곳으로 바꾸어버렸다. 사람의 욕심은 일관되지 못하며 서로를 불신 속에서 이용하게 만든다. 조금만 손해가 날 것 같으면 불신 속에서 바로 싸우게 되는 것이다.

명동의 주인은 하나님이시다. 주인되신 하나님은 마땅히 이 땅을 다스리시고 영광을 받으셔야 한다. 주인되신 하나님이 이 땅을 다스리실 때는 사람들의 욕심이 아니라 하나님의 성품을 부어주셔서 다스리시는 것이다.

나아가 우리는 열방을 향한 하나님 아버지의 마음을 알아야 한다. 열방의 대도시에 하나님을 알지 못하고 죽어가는 영혼들을 위해 삶을 드려야 한다.

몇 년 후 난 어떤 모습으로 명동에 있을까? 사십 대는 명동에서 보낼 것이다. 깔끔한 양복을 입고 길거리에서 예배드리고, 기도하는 중년 신사. 어울릴까? 어울리면 좋겠다. 사실 어울리든 어울리지 않든 난 할 거다. 행복하니까.

오십 대가 되면 아마도 아시아의 대도시를 돌아다니고 있을 것이다. 그리고 전 세계의 대도시에서 주일 아침을 맞고 싶다. 생각만 해도 멋지다. 상하이의 어느 호텔에서 자고 일어나서 까페에서 묵상하고 도시를 위해 기도하는 모습이라니! 베이징, 홍콩, 싱

가포르, 마닐라, 자카르타, 쿠알라룸푸르, 방콕, 이스탄불 어디를 가도 사랑하는 지체들의 소박하면서도 비범한 교회가 있고, 언제든 "형이 왔어!" 하면 모여서 같이 밥 먹고, 도시에 나가서 기도하고 예배드릴 수 있으면 좋겠다.

조국의 청년들이 있는 곳이라면 어디든 가서 그들을 위한 청년 교회를 세우고 그들에게 맡긴 뒤, 아시아의 대도시에 있는 조국의 청년들을 네트워킹하는 것이 내가 할 일이다. 그 일을 위해 오늘 나는 명동에 있다. 지금 명동에 파송된 선교사이다. 앞으로도 나는 이곳에서 예배드리고 교회를 세울 것이다. 주께서 하라시면 한다. 그 다음은 주께서 알아서 하실 일이다.

증언

초판 1쇄 발행	2010년 4월 5일
초판 25쇄 발행	2017년 12월 1일
지은이	김길

펴낸이	여진구		
책임편집	김아진		
편집	안수경, 이영주, 최현수, 김윤향		
디자인	이혜영, 마영애, 유주아		
기획·홍보	김영하	해외저작권	기은혜
마케팅	김상순, 강성민, 허병용	마케팅지원	최영배, 정나영
제작	조영석, 정도봉	경영지원	김혜경, 김경희
이슬비전도학교	최경식	303비전성경암송학교	박정숙
303비전장학회 & 303비전꿈나무장학회	여운학		

펴낸곳	규장

주소 06770 서울시 서초구 매헌로 16길 20(양재2동) 규장선교센터
전화 02)578-0003 팩스 02)578-7332
이메일 kyujang0691@gmail.com 홈페이지 www.kyujang.com
페이스북 facebook.com/kyujangbook 인스타그램 instagram.com/kyujang_com
카카오스토리 story.kakao.com/kyujangbook
등록일 1978.8.14. 제1-22

ⓒ 저자와의 협약 아래 인지는 생략되었습니다.
이 출판물은 저작권법에 의해 보호를 받는 저작물이므로 무단 전재와 무단 복제를 할 수 없습니다.

책값 뒤표지에 있습니다.
ISBN 978-89-6097-158-5 03230

규 | 장 | 수 | 칙

1. 기도로 기획하고 기도로 제작한다.
2. 오직 그리스도의 성품을 사모하는 독자가 원하고 필요로 하는 책만을 출판한다.
3. 한 활자 한 문장에 온 정성을 쏟는다.
4. 성실과 정확을 생명으로 삼고 일한다.
5. 긍정적이며 적극적인 신앙과 신행일치에의 안내자의 사명을 다한다.
6. 충고와 조언을 항상 감사로 경청한다.
7. 지상목표는 문서선교에 있다.

하나님을 사랑하는 자 곧 그의 뜻대로 부르심을 입은 자들에게는 모든 것이 合力하여 善을 이루느니라(롬 8:28)

Member of the
Evangelical Christian
Publishers Association

규장은 문서를 통해 복음전파와 신앙교육에 주력하는 국제적 출판사들의
협의체인 복음주의출판협회(E.C.P.A:Evangelical Christian Publishers
Association)의 출판정신에 동참하는 회원(Associate Member)입니다.